KB139287

안녕,
둔촌주공아파트
×   가정방문

차례

들어가며

1부. 정주 定住

2부. 적응 適應

맺음말

들어가며

나는 아파트의 밤을 사랑한다.

낮에는 건조한 표정의 콘크리트로 보이지만, 밤이 되면 하나 둘 켜지는 불빛이 건물 한 면 가득 펼쳐지면서 각기 다른 색으로 다채롭게 살아가는 사람들의 삶이 엿보인다. 특히 둔촌주공아파트처럼 오래된 아파트에서는 새 아파트는 감히 따라 하지 못할 다채로운 빛과 형태가 가득하다. 수십 년 동안 각기 다른 사람이 손을 보며 조금씩 변한 공간은 분명 같은 평형의 같은 집이지만 저마다의 형태가 되었고, 그 안에서 살아가는 사람에 따라 다른 분위기로 채워지게 된다. 그렇게 베란다를 통해서 보이는 공간과 삶을 바라보고 있으면, 마치 여러 개의 텔레비전을 켜놓은 것처럼 모두가 다른 시공간을 사는 것 같은 느낌을 주기도 한다.

집에 쌓이는 삶의 흔적은 시간에 비례하여 깊이를 더해간다. 한집에 오래 산 사람은, 삶의 어느 시점에 쌓아 올린 자신의 성 안에 기념이 될 만한 삶의 이야기를 차곡차곡 쌓아 놓고 굳게 다지며 살아간다. 그러다 한 번씩 인테리어 공사를 하거나 이사를 해서 공간의 주인이 바뀌면 쌓아온 시간의 켜가 끊기고, 지난 흔적은 일부가 지워지고, 그 위에 새로운 삶에 맞는 새로운 지층을 다시 쌓아가게 된다. 그렇게 만들어지는 지층의 단면을 보여주는 것이 아파트의 밤 풍경이다.

둔촌주공아파트에는 지난 37년 동안 쌓고 무너트리고 다시 쌓아 올리길 반복한 삶의 흔적으로 가득하다. 한 집에서 수십 년씩 오래도록 눌러앉아 사는 사람들도 많고, 중간에 들어와서 이 동네에 머문 지 몇 년 안 되는 사람들도 많다. 그 사람들 모두가 함께 만들어 내는 다채로운 삶의 무늬가 지금의 둔촌주공아파트이다.

지난 2014년 다시 돌아온 둔촌주공아파트에서는 어릴 적에 살던 느낌과는 다른 분위기가 느껴졌다. 이곳에서 태어나고 오랫동안 살았지만, 낯선 타인으로 다시 돌아온 나는 정주와 적응이 공존하는 이 동네에서 참으로 묘한 '중간자'였다. 이 동네에서 오래 산 사람들에겐 잠시 머물고 떠나버릴 세입자들이 동네의 오랜 분위기를 흐리고 있다는 이야기를 들을 수 있었고, 이사 온 지 얼마 안된 사람들에겐 오래 산 사람들끼리 이미 다 알고 친해서 자신은 낄 자리가 없는 것 같아 상대적으로 더 외롭고 이방인처럼 느껴진다는 이야기를 들을 수 있었다. 양쪽 입장이 모두 이해되던 나는 그런 미묘한 갈등과 오해가 재미있다는 생각이 들었고, 과거의 기억에만 머물러 있다가 지금의 경험이 새로이 더해지게 되면서 둔촌주공아파트를 대하는 나의 관점이 조금 달라졌다. 둔촌주공아파트의 '지금' 이야기를 좀 더 담고 싶었다.

그러던 어느 날, 라야 씨로부터 생각지도 못한 장문의 메일을 받았다. 딱한 번 얼굴을 본 사이였던 - 그러니까 쉽게 말해서 '잘 모르는 사이'였던 - 그녀가 나에게 연락을 해서 집을 촬영하고 싶다고 했다. 집들이가 아닌 이상 집으로 누군가를 초대하는 일이 좀처럼 없는 요즘 같은 시대에, 누군가의 집에 찾아가서 그 집을 영상으로 남기는 <가정방문>이라는 작업을 시작했다는 것이었다. 그녀가 보여준 샘플 영상에는 사람은 등장하지 않고 오직 집의 모습만 담겼는데, 영상을 다 보고 나니 마치 그곳에 사는 사람을 만나고 온 듯했고, 그 사람이 어떤 사람인지 더 알고 싶어지는 기분이 들었다. 그 느낌에 반해서 내가 여행가는 동안 우리 집에 묵으며 촬영하실 수 있게 집을 내어드렸다. 그리고 용기를 내어 둔촌주공아파트의 집을 시리즈로 찍어보는 프로젝트를 같이 해보면 어떻겠냐고 역으로 제안했고, 고맙게도 그녀가 이를 수락하여 이듬해 봄에 다시 만나 일을 추진하기로 했다.

당신의 집을 기록합니다

둔촌주공아파트가 사라지기 전에 지금 사는 모습을 기록하려 한다는 소식이 알려지자 참여 의사를 밝혀주시는 분들이 있었다. 그중에는 둔촌주공아파트와 긴 시간을 함께한 집도 있었고, 새롭게 이곳에 찾아 들어와 살아가는 사람들도 있었다. 같은 동네에서 오래 산 사람들은 아무래도 사연이 비슷하지 않을까 하는 우려도 있었지만, 놀랍게도 다 다른 모습으로 살아가는 사람들을 만날 수 있었다. 이곳에 오래 살지 않은 사람들도 집을 기록한다는 것의 의미를 이해해 줄까 하는 걱정을 했었지만, 다행스럽게도 새로 이사 와서 사는 분들도 많이 참여해서 비율이 알맞게 모이게 되었다. 그렇게 만나게 된 12집은 이 동네에 오게 된 사연도 달랐고, 살아온 이야기와 집안의 풍경이 다 달랐다. 유일한 공통점은 자신의 집을 정말 좋아하는 사람들이라는 것. 굳이 의도해서 선별하지 않았는데도 이렇게 다양한 이야기들이 모인 것은 - 그저 우연 혹은 행운일 수도 있겠지만 - 어쩌면 우리들의 삶을 깊이 들여다보면 모두 다 다르다는 것을 얘기해주는 것이 아닐까? 찾아뵙고 만난 모든 분의 삶이 다 다른 빛으로 반짝이고 있었다. 잊지못할 귀한 경험을 하게 해준 참가자분들께 진심으로 감사드린다.

　　둔촌주공아파트에는 어떻게 오게 되었나요?
　　여기서 어떻게 살았고, 어떤 기억이 있나요?
　　이 집은 당신에게 어떤 의미인가요?
　　이곳이 재건축으로 사라지는 것을 어떻게 생각하시나요?
　　앞으로 어디서 어떻게 살고 싶은가요?

　　이 책에 실린 글은 인터뷰를 진행하며 드린 다섯 가지 공통 질문을 중심으로 사람들의 대답을 엮었다. 둔촌주공아파트에서 살아온 이야기, 자신이 사랑하는 집에 대해 이야기하다가 결국은 떠나야 하는 이야기로 넘어가는 것은 마음 아팠지만, 둔촌주공아파트는 재건축을 앞둔 것이 현실이기에 그 부분을 무시할 수는 없었다. 그래서 과거의 추억, 현재 상황과 재건축에 대한 생각, 그리고 미래의 삶에 대한 계획을 이야기하는 흐름으로 인터뷰를 진행했다. 다들 가장 어려운 질문이라며 한동안 말을 잇지 못했던 '집의 의미'에 대해서도 각자 들려준 이야기를 담았다. 이 질문은 이 책을 읽는 분들도 한 번씩 생각해 볼 수 있었으면 좋겠다.

　　누군가의 집에 찾아가 마주 앉아서 이야기를 듣는 것은 정말 즐거운 일이었다. 집에 관해 이야기하다 보면 자신이 살아온 삶을 이야기하게 되고, 그러면서 드러나는 그 사람의 느낌은 이야기를 나누던 집의 분위기와 많이 닮아 있었다. 이 책을 통해 부디 그때의 느낌과 그들의 목소리가 전해지면 좋겠다.

1

정주 定住

일정한 곳에 자리를 잡고 삶

定 정할 정
정하다, 정해지다, 바로잡다

住 살 주
살다, 거주하다, 숙박하다, 멈추다, 그치다, 정지하다, 세우다, 서다

우리 가족의
고마운 보금자리

435동

김채순 1957년생 / 함동산 1956년생

둔촌주공아파트 28년 거주 (1988.3~2016. 현재)

어머니, 아버지, 아들 둘의 4인 가정으로 살다가
아들 둘은 결혼하여 분가하며 부부만 한집에서 살아감

둔촌주공아파트에는 어떻게 오게 되었나요?

어머니 김채순

저희가 처음에 둔촌주공아파트를 오게 된 계기는 저희 언니가 432동에 살고 있었는데 여기가 너무 살기 좋다고 해서 오게 됐어요. 그때가 1988년 초인데 집값이 막 뛰기 시작할 때였어요. '큰일 났다, 빨리 집을 사야 하는데…'라고 걱정하면서 막판에 겨우 하나 잡은 게 이 집이었어요. 이 집이 동향이고 3층이라 별로 좋지도 않은데도 잔금을 치를 때 천만 원을 더 올려주고 샀거든요. 처음엔 그냥 적당히 살다가 남향집으로 이사해야지 생각했었는데 살아보니까 앞이 뻥 뚫리고, 나무도 많아서 너무 좋더라고요. 그렇게 살면서 애정이 조금씩 쌓이고, 그러다 보니 이렇게 28년을 여기서 쭉 살게 되었어요.

아버지 함동산

큰 애가 국민학교에 입학할 때 왔고, 2살 밑인 둘째는 여기서 체육센터 유아체능단부터 시작해서 일반 유치원, 위례 국민학교, 동북 중고등학교까지 다녔어요. 동네 애들도 거의 다 같은 학교로 쭉 같이 가니까 오랫동안 좋은 친구들도 많이 사귈 수 있어서 애들도 만족하고, 아이들이 정서적으로 안정되고 바르게 자랄 수 있었다고 생각해요. 그게 우리가 이 집에 살면서 가장 의미 있게 생각하는 부분 중 하나인 것 같아요. 그리고 아이들 나름대로 공부도 열심히 했고, 가고 싶은 대학들도 갔어요. 돌아보면 이 집에서 살면서 딱히 힘들고 어려운 게 별로 없었어요. 그래서 이 집이 우리한테는 큰 복덩이였다는 생각을 하고 있어요.

저희가 이사 오던 날이 위례 초등학교 입학식 날이었어요. 큰애를 학교에 보내 놓고, 집으로 짐을 들여놓으면서 이 동네의 삶을 처음 시작했어요. 애들이 둘 다 위례 초등학교에 갔는데 제가 복도에 이불을 널어놓으면 그게 교실에서 보이더라는 거에요. 그런 게 늘 엄마가 가까이에 있다는 안정감 같은 걸 줘서, 애들한테 정서적으로 굉장히 좋았을 거 같아요. 중·고등학교도 바로 옆에 있는 동북에 가서 애들도 참 어렵지 않게 편하게 다녔어요. 근데 남자애들만 둘이다 보니 집이 좀 좁은 느낌이 있어서 대학만 가면 이사를 해야겠다고 생각했는데, 막상 그때가 되니까 애 아빠도 지방에서 근무를 많이 해서 떨어져 있고, 애들도 한 명씩 교대로 군대에 가더라고요. 그러니까 또 집이 별로 안 좁은 것 같고 그런대로 살만하더라고요. .

여기서 어떻게 살았고, 어떤 기억이 있나요?

우리 집 거실 전망은 봄이 되면 벚꽃이 활짝 펴서 정말 예뻐요. 벚꽃이 조금씩 피다가 어느 날 딱 만개할 때 아침에 일어나면 정말 '어머!!'하고 감탄이 나올 만큼 벚꽃이 환하게 펴서 우리 집을 둘러싸고 있는 거예요. 그럴 때면 김승옥의 무진 기행에서 나왔던 '적군이 쳐들어온 것처럼 안개가 우리 마을을 싸고 있다.'는 표현이 생각나더라고요. '아 그 맛이네⋯. 우리 집에도 벚꽃이 갑자기 쳐들어온 것처럼 주둔하고 있네⋯.'라는 생각을 했어요. 벚꽃이 피고 나면 철쭉도 피고, 그다음에는 라일락이 펴요. 그러다 보니 봄에는 우리 집 창문을 통해서 보이는 전망이 내가 봐도 너무 좋아서 누구라도 손님을 초청해서 같이 보고 싶은 생각이 들어요. 한번은 저희 시어머니 생신 때 우리 집에서 생신상을 차려서 같이 꽃도 보고 그랬던 적이 있어요. 우리끼리는 "이야, 콘도에 와 있는 것 같다."라는 그런 얘기도 가끔 해요. 이 집에 살면서는 사계절을 다 즐길 수 있으니까 별로 싫증을 느낀 적이 없어요.

나는 이 집에 자주 있진 못했지만 참 다행스럽게도 집사람이 저한테 늘 얘기했던 게, 이 집에서 그렇게 오래 살았는데도 창밖에 꽃 보고 풍경 보느라 별로 싫증을 못 느끼고 살았다고 그랬어요. 우리가 이 집에 이십몇 년을 살면서도 이사 온 지 몇 년 안 된 거 같고 늘 감탄스러운 느낌을 받았기 때문에 아마도 이렇게 오래 살 수 있었던 게 아닌가 싶어요.

우리가 일부러 꽃이 만발했을 때에 맞춰서 초대하려고 했던 건 아닌데 우연히 그때 손님들이 우리 집에 오실 일이 있었어요. 사실 밖에서 보는 이 아파트는 오래된 아파트고, 또 주공아파트고 하다 보니까 우리가 좋은 집에 사는 것 같진 않다고 생각하는 사람들도 많아요. 근데 딱 이 안으로 들어와서는 깜짝 놀라는 거예요. "아니, 이렇게 전망이 좋은 집이 있나! 이 아파트 정말 대단하구나!" 하고 감탄하는 손님들이 가끔 있어요. 그럴 때면 뭐 기분 좋죠. 그런 환경 덕분에 우리 마음도 늘 깨끗해지고, 삶도 풍족해졌던 것 같아서 항상 감사하고요. 이 집은 우리가 오랜 시간 참 만족하고 살 수 있게 해줬고, 우리의 쉼터 역할을 굉장히 잘해준, 그야말로 우리들의 보금자리이고 '우리 집', '우리의 홈타운'이라고 생각을 해요.

감 사 장

사랑하는 부모님

　　사랑하는 부모님의 28주년 결혼기념을
축하하며, 아들들이 준비한 감사장입니다.
그동안 키워주신 은혜에 보답하며
더욱더 자랑스럽고 멋진 아들들이 되기
위하여 노력하겠습니다.
　　또한 우리가족은 앞으로 어려운 일이
있어도, 똘똘 뭉치는 가족애로 이겨내
행복이 넘치는 가족이 되리라 믿습니다.

"우리가족 모두 파이팅 !"

2010년 2월 20일
아들 동훈, 동석 드림

집 안에도 우리가 오랜 시간 동안 소중하게 생각해온 것들이 구석구석에 있어요. 우선 거실에 있는 행운목은 우리가 처음 이사 올 때 사온 나무니까 28년 된 나무예요. 행운목이 꽃이 잘 안 핀다는데 우리 작은애가 고3일 때 꽃이 폈어요. 그게 피면 집안에 좋은 일이 있을 거라고 누가 얘기했는데, 뭐 그렇다고 엄청 좋은 일이 있었던 것은 아니지만, 그때 꽃을 한번 펴줘서 너무 좋았어요. 그 향기가 얼마나 좋던지…. 그런 추억이 있어서 저 나무는 계속 잘 키워서 나중에 내가 죽더라도 우리 애한테 주고 싶어요. 저 액자는 우리 작은애가 부모님 결혼기념일에 감사장이라고 만들어서 보내준 건데, 아이디어도 좋고 너무 고맙고 그래서 가보로 간직하고 있는 거예요. 벽에 걸려있는 가족사진은 우리 작은애 6학년 졸업식 날 외식을 하고 들어오면서 같이 기념으로 찍은 건데 지금 보니까 우리 아이들이 너무 귀엽고 어린 티가 나서 좋고 그래요. 그리고 방에 보면 거북이가 한 마리 걸려있어요. 지금은 저런 거 들여오면 큰일 날 텐데, 예전에 저희 시어머니가 태국에 여행을 가셨다가 거북이가 부의 상징, 복의 상징이라면서 우리 주신다고 저 큰 거북이를 사서 오신 거예요. 그래서 그 마음이 너무 감사해서 그것도 제가 아주 귀중하게 여기고 있어요.

지금은 아들 둘 다 장가를 갔어요. 작은애는 대학 때부터 대전에 있었고 지금도 거기 연구소에 있어서 좀 미리부터 떨어트려 놔서 나왔는데, 큰애는 애들 아빠가 지방에 있었으니까 저랑 둘이 같이 있을 때가 많았잖아요. 그래서 큰애가 나갈 땐 좀 서운한 건 있더라고요. 그래도 좁은 데서 복닥복닥 살다가 아들 짐이 좀 빠져나가니까 좋긴 하더라고요. 큰애가 나간 다음에 큰애 방에는 이것저것 군짐을 좀 넣어놔서 정신은 없어졌지만 그래도 집에 좀 여유가 생겨서 좋은 것 같아요. 남는 방 하나는 손님방으로 마련해놔서 언제든 애들이 서울로 출장을 온다거나 하면 자고 갈 수 있게끔 해놨어요.

우리 식구들은 좀 똘똘 뭉쳐서 잘 돌아다니는 스타일이었어요. 다른 집들은 애들이 잘 안 따라다니던데 우리 애들은 내가 데리고 다닐 수 있을 때까진 계속 같이 다녔기 때문에 가족 간의 친밀도 같은 것도 높은 편이에요. 우리 며느리가 들어 올 때도 가장 중요한 것으로 형제간의 우애를 강조했기 때문에 서로 자주들 놀러 오고 얘기도 나누고 그래요. 그래서 사람이 나갔다는 생각은 아직 많이 안 해봤어요. 또 조금 있으면 아기들 맞이할 준비도 해야죠.

내가 여기 처음 이사 올 때는 젊은 축에 속했어요. 그때는 이 집도 젊었는데, 점점 시간이 가면서 나도 나이를 먹고 이 집도 같이 나이를 먹었어요. 그러면서 이 집이 낡아 가는 것에 대해 불만을 느끼기보다는 그 낡음을 이해하면서 몇 년에 한 번씩 도배도 하고 수리도 하고 고쳐 쓰고 그랬어요. 다른 사람들의 새 아파트에 가 보면 수납도 잘되어 있고 부러운 것도 있지만 그래도 우리 집은 여러 가지가 낡았어도 그렇게 크게 불편하다는 걸 못 느꼈어요.

저는 중요한 손님이 오실 때는 꼭 호스를 연결해서 이 복도를 청소해요. 다른 집들은 일 년, 십 년이 가도 물청소 한번 안 하는 집도 많은 것 같은데, 저는 우리 며느리가 온다든가, 누구 중요한 손님이 우리 집에 들어올 때 깨끗하게 보이려고 창문도 물 뿌려서 청소를 하고 그래요. 그러면 우리 집에 오실 때 마음도 좋아질 거고, 우리 집도 깨끗해 보이겠죠. 이웃들한테도 깨끗한 사람으로 보이고 싶어서 청소를 자주 하는 편이에요. 그렇게 딱히 대단할 건 없지만 그래도 깨끗하게 잘 관리하며 살아왔어요. 그리고 우리 집에 가지고 있는 물건들도 우리 마음과 손때가 다 묻어있는 소중한 것들이 많다 보니 애들도 이 집에 대한 애착이 커요. 엄마 아빠는 항상 이 집, 여기에 있어야 하는 거로 생각하더라고요.

"우리가 이 집에 이십몇 년을 살면서도
이사온 지 몇 년 안된 거 같고
늘 감탄스러운 느낌을 받았기 때문에
이렇게 오래 살수 있었던 게 아닌가 싶어요."

36

이 집은 당신에게 어떤 의미인가요?

둔촌주공아파트, 이 집은 우리한테는 그야말로 가족이라고 할 수 있어요. 살면서 집하고 잘 안 맞아서 빨리 이사해야겠다는 사람들도 많고, 또 요새는 집을 경제적인 재화로 따지고 그래서 이사를 자주 해야 돈을 많이 번다는 게 풍토 잖아요. 근데 우리는 이 집에서만 28년 정도를 살았으니까 돈은 많이 못 벌었는지 몰라도 무엇보다도 애들이 안정적으로 잘 컸다는 것에 만족해요. 그 자체로도 집이 자기 역할을 정말 잘해준 거고, 무엇보다도 귀한 걸 우리에게 해준 거로 생각합니다. 사실 내가 집에 해준 것보다 더 많은 걸 이 집이 우리 가족에게 해준 것 같아요. 이 집은 우리가 살아온 상당의 인생에 그야말로 귀중한 장소였고, 이 집이 우리 식구들의 보금자리가 되어줬다는 것을 저는 굉장히 고맙게 생각해요. 아마 우리가 이 집에 만족을 못 했으면 이런 인터뷰를 안 했을 거예요. 근데 우리가 둔촌주공아파트의 이 집을 앞으로도 그리워할 것이고 정말 좋은 추억으로 간직할 거라는 생각이 있었기 때문에 이런 귀한 인연이 맺어진 것이 아닌가 싶어요.

저도 이게 무생물이지만 남편이 말한 것처럼 가족과 비슷한 개념으로 사랑을 주었던 것 같아요. 이 집에서 혼자 지낼 때도 잦았는데 그럴 때면 "잘 있어. 나 갔다 올게."하고 인사하고 나갔다 올 정도로 이 집하고 친했고, 애정이 있었어요. 이 집이 나랑 참 잘 맞았고, 이런 집에서 살았던 것이 참 행운이라고 생각해요. 그리고 아파트라는 게 좀 삭막하고 건조할 수 있는데 여기 둔촌주공아파트는 녹지가 많아서 오가며 걸으면 여기도 좋고, 저기도 좋고 그래서 싫증 안 내면서 오래 살 수 있었던 거 같아요.

재건축한다고 얘기가 나왔던 게 벌써 15년 이상 된 거로 알고 있는데, 그 얘기가 처음 나올 때는 아직 재건축이 필요한 시점이 아니었다고 생각했어요. 그때는 집이 그렇게 나빴던 상황이 아니었는데도, 재건축하면 그야말로 돈을 벌수 있다는 그런 분위기 때문에 시작하게 된 것 같아요. 사실 둔촌 아파트에 오래 산 사람들은 거의 나처럼 이 아파트를 좋아해요. 사람들을 만나보면 다들 여기서 애들을 키웠고, 여기 같은 곳이 없다고 얘기하거든요. 조그만 아파트지만 이 집에 만족하는 사람들이 저뿐만이 아니고 많이들 그렇다고 얘기를 합니다. 근데 재건축 얘기를 너무 일찍 시작하고 너무 오랫동안 끌어서 시간이 갈수록 이 집에 만족하지 못하게 만드는 것은 아닌가 싶어요. 어쨌든 이제는 너무 오래 끌었으니 재건축을 잘해서 지금 사는 사람들이 더 좋은 집에서 살 수 있게 돼야 한다는 생각은 누구나 할 겁니다. 이 좋은 터전을 더 좋은 터전으로 만들어야 한다고 동네를 대표해서 재건축에 관여하는 사람들에게 얘기를 해주고 싶어요. 그런 것들이 참 걱정스러운 때인 것 같아요.

이제는 빨리 재건축이 되어서 새집에서 깨끗하고 넓게 살고 싶은 욕심이 아마 다 있을 거예요. 근데 진행이 너무 지지부진해서 여기 사람들이 다들 환갑이 넘어가고 있는데 재건축을 시작하는 것만 계속 기다려야 하는 상황이 되다 보니까 좀 지치는 것도 있고 그래요. 어떻게든 빨리 잘 됐으면 좋겠어요. 잘 되어서 이곳에서 다시 또 만족하며 살고 싶은 마음이에요.

근데 여기는 5층, 10층 아파트니까 전체적으로 넓고 시원해 보이는데 잠실 같은 데를 지나다 보면 밖에서 봤을 땐 그야말로 빌딩 숲이잖아요. 우리 아파트도 재건축되면 저렇게 고층 아파트들이 설 텐데 답답해서 살 수 있을까 하는 그런 생각도 들어요. 분명히 재건축을 하고 나면 지금 이 맛은 안 날 거고, 고층으로 들어차면 동네 분위기가 조금은 삭막해지겠지요. 그래도 뭐 갈 길이 그렇다면 할 수 없이 가긴 가야 하는데…. 그래서 아직 모르겠어요. 터는 여기가 참 맘에 들어요. 그런데 그렇게 고층으로 들어서면 계속 여기서 살아야 하는지 아니면 조금 외곽으로 나가서 친환경적인 곳에 가서 사는 게 좋은지 아직은 저도 결정을 못 하고 있어요. 재건축 이후에 상황을 봐서 이 아파트가 진짜 좋고 옛날 생각도 나고 그래서 좋다면 다시 들어와서 더 살 수도 있고, 아니면 조금 외곽으로 나갈 수도 있을 것 같고…. 아직은 잘 모르겠어요.

집사람이 얘기했듯이 재건축을 하면 지금 이렇게 좋은 자연적인 환경은 대부분 축소될 거 아니겠어요? 근데 그게 서로 바쁜 젊을 때는 자연적인 곳이 아니고 좀 딱딱한 분위기라도 상관없이 살 수도 있을 것 같아요. 물론 젊었을 때도 이렇게 자연적인 곳에서 산 것은 복을 받은 거고요. 근데 나이가 드니까 아무래도 좀 더 자연적으로 살아야 하는 게 아닌가 하는 생각이 들어요. 완전히 시골에 가서 사는 건 아니지만, 시멘트 숲에서 사는 것보다는 교통이 조금 불편해도 조금은 여유롭게 살아야 하는 게 아닌가 싶어요. 우리가 거의 한 30년 동안을 도시이지만, 올림픽공원도 가까이 있고 나무들도 많은 친환경적인 곳에서 살았는데, 재건축 이후에는 지금보다 나이도 더 들 텐데 콘크리트 숲에서 살 수 있을까 하는 걱정을 하기도 해요. 둔촌 아파트가 재건축하면서 나무들도 다시 잘 심어서 나이든 사람들도 편하고 자연스러운 분위기에서 살 수 있는 환경이 되면 좋을 텐데 그렇게 될지는 잘 모르겠어요. 내가 지금 이 집에 살아서 그런지 앞 동만 딱 바라보고 있는 동은 답답해서 영 못 살겠더라고요. 그래서 이렇게 앞에 나무도 많고 주택 같은 느낌도 나는 전원풍의 그런 아파트에서 살고 싶은데 이제 도심에선 그런 곳을 찾기가 쉽지 않겠죠.

지금 우리 집이 3층이잖아요. 사실 3층이면 다른 사람들이 볼 땐 10층 아파트에서 그렇게 좋은 층이라고는 보질 않아요. 우리도 이 집을 고를 때 처음부터 3층을 사고 싶어서 산 건 아니고 있는 게 3층밖에 없어서 이걸 샀죠. 근데 3층에 살아보니까 여기서 보이는 전망 때문에 오히려 더 좋았던 것 같아요. 7~8층에 어쩌다 한 번씩 가볼 일이 생겨서 들리면 거기서는 잠실 롯데도 보이고 하지만 이런 꽃들을 볼 수 있는 건 아니잖아요. 어쩌면 우리가 3층에서 살아서 더 안정적으로 싫증 안 내고 정 붙이며 살 수 있었나보다 하는 생각도 들어요. 앞으로도 지금 집처럼 자연이 보이는 그런 데서 살고 싶어요. 그리고 여기가 학교 바로 앞이라 애들 목소리가 많이 들리는데 저는 뭐 별로 시끄럽다는 생각은 안 하거든요. 우리 애들도 다 여기 학교를 나와서 그런지 다들 너무 귀여워 보여요. 너무 조용한 데서 사는 거보다 오히려 좀 생기있고 활기찬 거 같고 그래서 이렇게 학교가 있는 것도 좋아요.

"이 집이 우리 식구들의 보금자리가 되어줬다는 것을
저는 굉장히 고맙게 생각해요."

집의 의미를 가르쳐 준
나의 고향 집

116동

정동연 1986년생

둔촌주공아파트 30년 거주 (1986.8~2016. 9)

할머니, 고모, 삼촌까지 다 같이 사는 대가족에서
할머니, 아버지, 어머니, 형, 그리고 본인의 5인 가정을 지나
지금은 1인 가구로 10년 거주. 한 달 전 강아지 입양.

둔촌주공아파트에는 어떻게 오게 되었나요?

우리 집은 제가 태어났을 때부터 이미 둔촌주공아파트 이 집에 살고 있었어요. 어릴 적엔 저희 부모님이랑 형, 저, 할머니, 삼촌 그리고 고모까지 다해서 7명이 한집에 같이 살았어요. 저희 형제가 많이 어렸을 때라 복작거리긴 했지만, 그런대로 지낼만했었다고 하더라고요. 그러다가 삼촌이랑 고모는 결혼하면서 차례로 나가셨어요.

여기서 어떻게 살았고, 어떤 기억이 있나요?

제가 어릴 적에 젤 좋아했던 곳은 안방이었어요. 예전엔 침대가 없어서 어릴 때 느끼기엔 정말 큰 공간이었거든요. 자동차 장난감을 가지고 경주를 하기도 좋고, 이것저것 하며 가장 많이 놀았던 곳이에요. 안방에 있는 이 가구들은 엄마가 결혼 혼수품으로 갖고 오신 거라서 제 나이보다도 오래된 가구들이에요. 어머니가 웬만한 골동품 같은 건 거의 다 버리셨는데 이것들은 그냥 놔두고 쓰시더라고요. 제가 쓴 건 아니라서 각별한 애정이 있는 건 아니지만 어렸을 때부터 늘 보아오던 것이기도 하고, 어머니한테는 정말 소중한 물건일 것 같아요. 지금은 부모님이 강원도에 살고 계셔서 가끔 서울에 올라오실 때 빼고는 평소에는 거의 안 쓰는 방이 되었어요. 가끔 제가 술을 너무 많이 먹고 와서 편하게 자고 싶을 때 가끔 들어와서 자긴 해요.

우리 집에는 안방 가구 말고도 30년 넘게 오래된 물건들이 정말 많은데, 전자레인지도 어머니 혼수로 갖고 오신 거라고 하더라고요. 오래된 거라 기능도 별것 없어서 해동이랑 가열밖에 안 되지만, 제가 아기일 때부터 썼는데 지금도 잘 돌아가서 전자레인지 바꾸자는 말도 딱히 안 했던 것 같아요. 식탁이랑 의자도 30년 넘게 쓴 거예요. 제가 완전 아기였을 때 이 의자를 잡고 기어 올라가던 기억이 지금도 어렴풋이 나요. 그 뒤로는 기억이 잘 없지만 아마 엄마 무릎에 앉아서 밥을 먹었을 것이고, 점점 크면서 혼자 의자에 앉아서 밥을 먹었어요. 고모랑 삼촌이 분가해서 나가시고 할머니하고 같이 살 때, 저희 다섯 식구가 다 같이 모여서 이 식탁 자리를 꽉 채우고 식사를 했어요. 아침, 점심은 아니어도 저녁때면 항상 늘 앉는 자기 자리에서 같이 밥을 먹었어요. 그런데 저랑 형이 고등학생이 되면서 둘 다 늦게 들어오다 보니 같이 밥 먹을 일이 없어졌어요. 그리고 할머니가 다른 집으로 가시고, 그 뒤로 돌아가신 후에는 이 식탁에서 다섯 명이 다

같이 밥을 먹는 일이 없어졌어요. 지금은 저 혼자 사니까 집에서 밥 먹을 일 자체가 잘 없어서 식탁이 휑한 느낌이에요. 그래도 부모님이 강원도에서 가끔 서울로 올라오시면 꼭 형이랑 저에게 일찍 들어오라고 해서 다 같이 이 식탁에서 밥을 먹곤 해요. 우리 가족 네 명이 이 식탁을 꽉 채워서 밥 먹는 걸 엄마가 지금도 되게 좋아하시거든요.

거실에 붙어 있는 액자는 초등학교 5학년 때 아버지가 다 같이 찍자고 해서 찍은 가족사진인데, 제가 가족들이 다 같이 모이는 걸 되게 좋아해서 이 사진을 찍을 때도 기분이 좋았던 기억이 나요. 그 전엔 이 벽에 그냥 별 의미 없는 그림 액자 같은 게 하나 걸려 있었는데 이걸 걸어 놓으니까 따뜻한 느낌도 나고 좋은 것 같아요. 그러고 보니 이것도 이 자리에 걸린 지 벌써 한 20년 됐네요. 지금은 돌아가신 할머니가 보고 싶을 때 볼 수 있어서 좋아하는 액자예요.

이 집에서 할머니랑 같이 오래 살아서 집에 있다 보면 떠오르는 추억이 많아요. 지금 제가 쓰고 있는 방이 예전에 할머니가 쓰시던 방이라 할머니 생각이 안 날 수가 없죠. 저희 엄마랑 고부갈등이 있었던 기억도 조금 있지만, 저희 형제가 어렸을 때 정말 많이 예뻐해 주셨거든요. 할머니 돌아가신 다음에 할머니 방을 정리하다가 저희 형제랑 같이 찍은 사진을 크게 뽑아 놓은 게 있어서 거실에 따로 놔뒀어요. 할머니가 돌아가신 게 제가 취업하고 나서니까 3년 전, 2013년이었어요. 곧 제가 결혼해서 이 집에서 나갈 때가 되니까 '할머니가 저 결혼하는 것도 보셨으면 더 좋았을 텐데…'라는 생각도 요즘 많이 들었어요.

그리고 예전에 워낙 대식구가 같이 살다 보니 막내인 저만 계속 방이 없었어요. 나이가 들수록 방이 너무 갖고 싶어서 부엌 쪽에 딸린 창고 같은 곳을 그냥 제 방으로 해달라고 졸랐어요. 초등학생이 쓰기에 그렇게 부족하진 않은 공간이어서, 거기에 책상도 놓고, 이불도 갖다 놨었어요. 그렇게 처음 제 방을 갖게 됐을 때의 성취감과 기쁨이 엄청났어요. 한동안은 지내기에 충분했는데, 자라면서 몸이 커지기도 했고, 자꾸 세탁기 있는 데서 벌레가 나와서 점차 그 방을 안 쓰게 되었고, 마침 그때쯤 할머니가 다른 집으로 가시면서 저도 제대로 된 방을 쓰게 됐어요.

이 집에 혼자 살게 된 건 스무 살 때쯤 부모님이 강원도로 가시면서부터였어요. 늘 가족이 있던 집이었는데, 아무도 없는 집에 들어와서 불을 켤 때까지 그 적막감이 정말 싫었어요. 그래서 제가 집에 오기 싫을 때 나름 해결책으로 생각한 게, 친구네 집에 가서 자고 오거나 아니면 아예 친구들을 집으로 불러서 먹고 놀고 자는 거였어요. 어차피 이 집에 저 혼자밖에 안 사는데 방은 많으니까, 맛있는 거 시켜서 먹으면서 밤늦게까지 게임을 하고 놀다가 각자 방에 들어가서 자고 그랬어요. 그렇게 친구들이랑 한 일주일씩 살기도 했었어요. 스무 살 초반에 그런 즐거움을 알게 되면서 오히려 혼자 사는 걸 좋아했던 적도 있었던 거 같아요. 근데 그 뒤로 같은 동네 살던 친구들이 하나씩 다른 동네로 떠나갔어요. 군대에 갔다 온 2008년까지는 그나마 조금은 남아 있었는데 지금은 여기 같은 단지에 사는 친구들이 이제 없거든요. 아무래도 이주도 얼마 안 남고 그래서 그런지 지금은 다 떠난 거 같아요. 그게 되게 아쉽죠. 저도 곧 떠날 거긴 하지만….

이제 혼자 산 지 거의 10년이 다 되어 가는데, 그동안 제 방이 따로 있긴 했지만, 생활은 주로 그냥 마루에서 다 했던 것 같아요. 밥도 그냥 대충 해서 설거지하기 귀찮으니까 큰 그릇에 밥이랑 반찬이랑 다 같이 담아서 거실에서 먹고, 잠도 거실 마루에 이불 깔아놓고 자고 그랬어요. 마루에 누워서 TV 볼 때가 제일 좋은 것 같아요. 제가 정리도 되게 안 하는 편이거든요. 뭔가 필요 없는데 치우긴 귀찮고 그럴 때 그냥 손이 닿는 곳에 꽂아 놔서 벽에 별 의미 없이 붙어 있는 게 은근 많아요. 저 바늘도 그냥 저기 꽂아놨는데 그게 한 몇 년은 된 거 같아요.

근데 몇 년 전에 그냥 갑자기 심심해서 방 가구를 재배치한 적이 있었어요. 창문 쪽에 있던 침대를 안쪽으로 놓고, 책상을 창가 쪽으로 옮겼는데, 방이 너무 좁아서 그걸 옮기려고 하니까 가구를 다 뺀 다음에 다시 넣어야 했어요. 하다가 '아, 이거 혼자서는 도저히 못 하겠다. 괜히 했다.' 싶었는데 가구들을 다 빼놨으니 어쨌든 다시 넣긴 넣어야 하니까 결국 엄청 고생해서 제대로 놓기는 놨어요. 근데 하고 나니 가구 배치를 조금 바꾼 것뿐인데 새집에 온 느낌도 약간 들고 기분이 좋더라고요. 그동안 이 집에 너무 오래 살아서, 좋게 말하면 모든 게 너무 익숙한 느낌이었고, 사실 이러나저러나 다 똑같다고 생각하면서 별 기대를 안 했었거든요. 이렇게 구조를 바꾸고 나니 방문을 열어놓으면 침대에서 바로 거실 TV를 볼 수 있는 배치여서 사실 그래서 되게 만족스러웠어요. 하하

얼마 전까지는 강아지를 딱히 좋아하지 않아서 안 키웠어요. 근데 아내 될 사람이 집에서 강아지를 키우고 있는데 결혼하면 데리고 와서 같이 살 거거든요. 지금은 집에 장인어른, 장모님이 다 같이 계시니까 강아지가 혼자서 외로울 일이 없는데, 신혼집에서는 둘 다 일 나가고 나면 개 혼자 외로울 것 같아서 미리 제가 한 마리를 키워서 데리고 가려고 애를 데려오게 됐어요. 처음에 이 집에 데리고 왔을 때는 분리불안이 심해서 혼자 있을 때 많이 짖고 그래서 앞집에서 항의도 하고 그랬어요. 그게 불과 3주 전이네요. 다행히 그사이에 잘 적응해서 이제는 혼자 있어도 짖지도 않고 잘 있어요. 애도 이제는 여기가 자기 집이라고 생각하는 거 같아요. 강아지가 생기고 나서는 침대에서 같이 자서 이제는 마루에서 잘 일이 없어졌어요.

이 집은 당신에게 어떤 의미인가요?

방금 얘기한 것처럼 제가 이번 가을에 결혼해서 곧 평생 산 이 집을 떠나게 되거든요. 그리고 얼마 안 있으면 이 집은 재건축으로 사라지게 될 거예요. 그게 참 마음이 짠한 부분인데, 제가 결혼을 하면서 나가는 시점이랑 이 집이 없어지는 시점이 어느 정도 비슷하게 맞물려지는 게 오히려 좋을 수도 있고, 나쁠 수도 있다는 생각을 했어요. 좋은 점은 결혼하고 새집에 살 때, 문득 돌아가고 싶다는 기분이 들어도 어차피 돌아갈 데가 없는 거니까 그냥 그 새집에 정을 붙이고 잘 살아야겠다는 생각이 들 테니 새로 적응하는 입장에서는 좋을 것 같다는 것이고, 안 좋은 점은 — 누구나 갖는 생각이겠지만 — 내가 태어나고 자란 곳이 없어져 슬프다는 것과 그곳을 그리워할 새도 없이 떠나 보내야 한다는 것이에요.

저한테 집이라는 건 이곳밖에 없었거든요. 제가 태어나자마자 살았던 곳이고, 다른 곳에서 살아 본 건 어학연수 1년, 군대 2년 정도밖에 없어서, 거주라는 개념으로는 이 집에서만 쭉 살았던 거라 사실 지금 결혼해서 다른 공간에서 생활하게 된다는 게 실감이 안나요. 이 집은 저에게 집이라는 개념을 인식하게 해준 그런 곳이었어요. 이 집이 아주 넓은 집이라고 할 수는 없지만 그래도 다섯 식구가 살기에 충분한 공간이었고, 지금은 혼자 살기에는 너무 큰 공간에서 살아가고 있죠. 이 한 집에서 저는 대가족부터 1인 가구까지 다 느껴 본 거잖아요. 가족의 울타리 안에서 아무것도 모를 때부터 이제 결혼하면서 부동산에 대해서 공부해야 하는 그런 나이까지 오다 보니 이 집의 의미가 또 남달라지는 것 같아요.

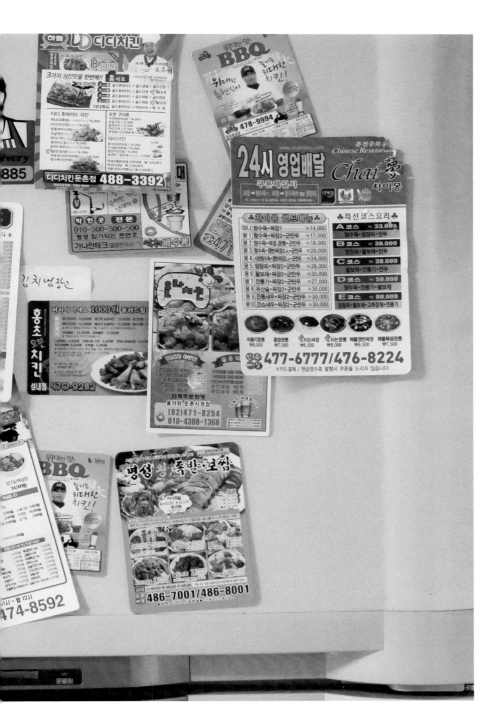

재건축에 대해 뭔가 가시적인 얘기들이 나오기 시작했을 때, 그게 제가 20대 초반이었을 때니까 그것도 엄청 오래전이긴 하네요. 암튼 그때 저희 부모님이 이 집을 파셨어요. 어차피 집주인도 재건축 때문에 산 분이어서 들어와서 살 생각은 없었으니까 저희가 전세로 돌려서 그냥 쭉 사는 거예요. 근데 그때 저는 이 집을 판다는 게 어떤 의미인지 몰랐는데, 부모님께서는 처음으로 이 집을 장만하실 때만 해도 고급스럽다고 생각되던 아파트를 사셨던 거고, 어쨌든 당신 평생 회사생활을 하면서 모은 재산 가치로는 가장 큰 아파트라는 걸 파신 거잖아요. 그때 집 파는 것 때문에 부모님이 서울에 올라오셔서 계약을 마치고 이 식탁에서 엄마, 아빠, 저 셋이서 밥을 먹는데 그때 아버지가 살짝 눈물을 보이셨어요. 저도 보려고 본 것은 아니었지만, 아버지 눈을 딱 봐버린 거죠. 아버지가 부끄러우시니까 티 내지 않고 식사를 하셨고, 저도 티 안 내고 그냥 밥만 먹었어요. 아버지랑 마찬가지로 20년 가까이 이 집에서 살았지만 내가 이 집에 대해서 느끼는 감정과 아버지가 느끼시는 건 또 다른 거구나를 그때 딱 느꼈던 것 같아요. 이 집이 아버지껜 어떤 의미였던 건지…. 오늘 제가 신혼집 대출 때문에 은행에 다녀왔는데, 결혼 준비를 하면서 아파트 대출 때문에 이것저것 알아보다 보니 그때 아버지가 눈물을 보이셨던 게 기억이 나더라고요. 이 집이 저한테 고향이기도 하지만, 부모님께는 진짜 더 의미가 있는 집이죠.

"저한테 집이라는 건 이곳밖에 없었거든요.
이 집은 저에게 집이라는 개념을 인식하게 해준
그런 곳이었어요."

이곳이 재건축으로 사라지는 것을 어떻게 생각하시나요?

제가 나가고 나서 연말쯤에 이주 명령이 뜬다는 얘기가 있는데, 그때쯤 이 집 전세 계약도 끝나거든요. 그러면 우리 집과 이 동네와의 인연이 완전히 끝나는 거라 그 점이 되게 아쉬워요. 만약 예전에 아버지가 이 집을 팔지 않고 계속 우리 집 소유였다면 재건축이 되고 나서도 딱 이 집은 아니겠지만, 이 동네가 가진 느낌을 그래도 어느 정도는 이어서 느낄 수도 있었겠다는 생각이 들거든요. 제가 30년 넘게 살았던 곳, 어릴 적 추억이 있던 동네에 다시 와볼 수 있는 거잖아요. 근데 이제 완전히 인연이 끝나는 거니까 아무래도 다시 올 일이 거의 없겠죠. 그게 나중에 이 집을 생각했을 때 가장 아쉬울 것 같은 부분이에요.

앞으로는 어디서 어떻게 살고 싶은가요?

새로 이사 가게 될 집에서도 지금 이 집에서 느끼는 이런 편안함을 당연히 기대는 하죠. 그런데 그게 아마 불가능할 것 같다는 건 사실 지금도 느끼고 있어요. 제가 앞으로 이렇게 30년 동안 같은 집에서 살 수 있을 거라는 생각을 이제는 감히 못 하겠더라고요. 왜냐하면 일단 예전과 시대도 달라졌고, 제 소득 수준에 맞는 집을 찾는 과정에서 이사가 필요할 거고, 그러는 사이에 만나게 되는 집에서는 이 집에서 느껴졌던 이런 감정은 느낄 수 없을 거라는 건 충분히 예상 가능한 일이어서 그게 되게 맘이 안 좋아요.

그래도 새롭게 이사 갈 집에서, 미래에 만나게 될 제 아이들한테도 지금 이 집에서 느꼈던 감정들을 다시 느끼게 해줄 수 있었으면 좋겠어요. 저희 부모님이 저한테 심어주신 이 집에 대한 기억, 가족들이랑 다 같이 밥을 먹는 포근한 울타리이기도 했고 즐거운 놀이 공간이기도 했던 그런 감정들을 제가 저의 아이들에게도 느끼게 해줄 수 있었으면 좋겠어요.

내가 자란 집,
내 아이가 자라는 집

407동

박예나 1984년생

둔촌주공아파트 28년 거주 (1988.4~2016 현재)

할머니, 아버지, 어머니, 본인, 여동생이 함께 사는 5인 가정으로 살다가
결혼 후, 본인, 남편, 어린 딸, 고양이와 살아감

둔촌주공아파트에는 어떻게 오게 되었나요?

　이곳으로 이사 오던 날이 저는 꽤 생생하게 기억이 나요. 그때 제가 네 돌 되기 조금 전이었는데, 트럭을 타고 동북고등학교 쪽 입구로 들어왔고, 인형을 안고 있었던 기억이 나요. 그 전에 살던 데는 충청남도 공주였는데 거기는 그냥 언덕배기에 나무도 별로 없고 집들만 있는 그런 동네였거든요. 근데 여기는 나무가 너무 많은 거예요. 그리고 너무 신기했던 게 무덤처럼 생긴 나무가 있었어요. 나중에 알고 보니 그게 가시나무였는데, 그 인상이 너무 세서 처음 왔던 날이 기억이 나요. 그리고 여기로 이사 오기 얼마 전에 할아버지가 돌아가셔서 할머니 혼자 공주 집에 사셔야 하는 게 마음에 걸리고, 어차피 저희 부모님도 맞벌이 하셔야 하니까 다 같이 모여서 살자고 해서 공주 집을 정리하고 둔촌주공아파트 이 집에서 다섯 식구가 다 같이 살게 되었어요.

여기서 어떻게 살았고, 어떤 기억이 있나요?

　집에 제일 많이 계셨던 건 할머니여서 이 집을 바라보면 할머니 기억이 아주 많이 나요. 할머니는 항상 집에 계셨거든요. 그게 정말 좋았어요. 엄마 아빠가 맞벌이해서 안 계셔도 집에 오면 문이 항상 열려 있었고, 할머니가 늘 계시니까 이웃 주민들도 왕래가 잦았어요. 할머니는 아침에는 거실에서 햇볕을 쬐고 계셨고, 오후에는 서쪽에서 들어오는 햇볕을 쬐고 계셨어요. 항상 앉아계셨는데 가만히 안 계시고 늘 바닥을 닦으셨어요. 그래서 바닥에 머리카락 하나 없이 늘 깨끗했어요. 그때는 그걸 모르다가 할머니가 나가시니까 티가 나더라고요. 그리고 집에 밥솥이 지금 쓰는 거 말고 옛날 밥솥이 하나 더 있었는데, 제가 식혜를 좋아하니까 할머니가 늘 식혜를 따로 만들어주셨어요. 비가 오면 할머니께 김치부침개 해달라고 졸라서 해 먹었었던 기억도 나요. 여기가 복도식이라서 문을 열어놔도 비가 잘 안 들이치거든요. 문 열어놓고 빗소리 들으면서 김치부침개 먹고 그랬던 기억이 너무 좋았어요.

엄마 아빠는 맞벌이셨는데 두 분 다 학교 선생님이셔서 그렇게 늦게 오신 건 아니었어요. 늦어도 5시 반, 6시면 집에 오셨어요. 그때 엄마를 생각하면, 제가 지금 엄마가 돼서 그런지 모르겠지만, 생각만 해도 좀 짠한 게 있어요. 엄마는 6시면 늘 일어나서 아침 식사를 준비하셨어요. 그래서 아침엔 늘 밥 짓는 소리랑 냄새가 났고, 화장실 문 옆 화장대에서 바쁘게 출근 준비를 하고 나가셨어요. 부모님은 은퇴하고 고향 쪽으로 내려가셨는데, 부모님이 나가시고 나서 제가 물건들을 좀 버린다고 버리긴 했는데, 많이는 못 버리겠더라고요. 엄마가 저기 서 계시던 모습이 너무도 또렷하게 기억이 나니까, 하나하나 다 우리 집의 일부 같아서 무엇 하나 쉽게 내버릴 수가 없더라고요. 어차피 나중에 재건축하게 돼서 이주 나가면 다 놔두고 나가도 된다고 생각해서 더 못 버린 것 같기도 해요.

저희 부모님이 결혼 선물로 받은 아주 오래된 시계가 하나 있는데요. 제 나이보다도 한 살 더 많으니까 정말 오래된 건데 이게 불과 한 달 전까지만 해도 거실 벽 한구석에 붙어 있었어요. 근데 어느 날부턴가 약을 넣어도 계속 느려지더라고요. 그래서 다른 시계로 바꿔 달았는데, 늘 저 자리에 있었고 평생 습관처럼 봐왔던 거가 없어지고 다른 거로 바뀌니까 지금도 볼 때마다 너무 어색해요. 이 시계는 멈췄지만 차마 버릴 수가 없어서 일단 갖고 있어요. 나중에 고쳐서 다시 엄마 아빠 드리려고요.

그것 말고도 집 안 구석구석에는 부모님이랑 살던 흔적들이 많이 남아 있어요. 현관 쪽에는 아버지가 예전에 쓰시던 모자가 걸려 화석처럼 남아있기도 하고, 가족들 사진도 구석구석 많이 있어요. 엄마랑 동생이 찍은 스티커 사진도 아직 붙어 있고요. 그리고 저희 아버지가 조각을 하셔서 집에 조각상이 되게 많았어요. 지금은 다 부모님 댁에 가지고 가셔서 별로 없는데, 저 TV 앞에 있는 아기 상은 제가 엄마 배 속에 있을 때 저를 생각하며 만드신 거라고 해요. 근데 지금 보니까 저보다는 손녀를 더 닮았다고 그러시더라고요. 지금은 오래돼서 많이 지워졌지만, 엄마가 벽이랑 라디에이터에 그림을 그리셨던 것도 아직 남아 있어요. 그리고 제가 어릴 때 정말 좋아했던 건데 게 가끔 정전될 때만 들어오는 등이 저는 너무 좋았어요. 지금 생각하면 철이 없는 거긴 하지만, 그때 어두워진 집에서 저 등만 성스럽게 빛나고 있던 모습이 정말 예뻐 보였어요. 아마 저 등은 이사할 때 떼가고 싶을 것 같아요.

부모님이 은퇴하고 고향인 공주 쪽 세종시로 내려가시면서 우리 가족한테 이 집에 들어와서 사는 게 어떻겠냐고 하셨어요. 그때 저희 딸이 한 10개월쯤 되었을 때였고, 저희는 시댁에서 같이 살고 있었거든요. 그래서 저희가 이 집으로 들어오게 됐는데, 부모님이 집을 비워주고 가신 게 아니라 그냥 몸만 가셨어요. 지금 보시는 것처럼 저 어릴 때부터 쓰던 가구들이 다 남아있게 된 거죠. 그래도 부모님 짐이 조금 빠지고 나니까 집이 너무 횅하니 넓어 보였어요. 게다가 늘 게임 NPC (Non Player Character)처럼 할머니가 계셨는데 할머니도 안 계시니까 더 횅한 느낌이었어요.

신랑이랑 이사 들어 올 땐 어차피 여기 다 있으니까 신랑이 쓰던 책상이랑 어머님이 사주신 아기 옷장 하나 들고 아주 단출하게만 왔거든요. 분명히 이 집에서 우리 가족 다섯 명이 살았는데 갑자기 이렇게 어른 둘에 아기 하나 덩그러니 거실에 앉아 있는 게, 뭔가 너무 이상하고 어색했어요. 아직도 가끔 그런데, 신랑이 고등학교 선배라서 어렸을 때도 가끔 컴퓨터를 고쳐주러 집에 온 적이 있었거든요. 근데 이렇게 매일 "나 왔어!" 하고 퇴근을 하니까 '왜 이 사람이 우리 집으로 퇴근을 하나….' 싶어서 가끔 깜짝 놀라기도 해요. 가족들이 쓰던 물건은 다 그대로인데 사람만 바뀌니까, 이게 분명 이제 내 가족이 맞긴 한데 아직도 가끔 굉장히 묘해요.

저희가 이 집으로 다시 들어올 때, 부모님은 도배라도 새로 하는 게 어떻겠냐고 하셨는데 그땐 정말 잠깐 살고 나갈 줄 알고 도배도 안 했어요. 그렇게 벌써 한 4년 정도 이대로 살게 된 거죠. 신랑한테는 조금 미안한 게 신랑은 한 번도 중앙난방인 집에서 살아본 적이 없거든요. 그러니까 시간 되면 뜨거운 물 끊기고, 여름이면 2주씩 단수되는 그런 집에서 살아본 적이 없는 거예요. 근데 심지어 신랑은 퇴근이 늦어서 맨날 억지로 찬물 샤워를 해야 해서 참 매번 미안하지만, 이 집은 원래 그러니 어쩔 수가 없다 그러죠. 그리고 집이 오래되니까 여기저기 손 볼 부분들이 많은데 그럴 때마다 신랑이 발 벗고 나서거든요. 그러니까 결혼을 한 것인지 수리공을 들인 것인지 싶을 때도 있어요. 그리고 밤에 퇴근하고 오면 주차 때문에 너무 힘들어해요. 그래도 일단 집이 널찍하긴 하니까, 다행히 신랑이 여길 좋아해 주긴 해요.

근데 신랑이 늦게 퇴근하고 오면 아이가 깰까 봐서 제가 TV도 못 틀게 하거든요. 그래서 널찍한 집 놔두고 거의 맨날 작은 방에만 박혀있어요. 이 방이 저희가 가장 많은 시간을 보내는 저희의 침실이자, 제 작업실이자 책방이에요. 이 방엔 제가 어릴 때부터 보던 정말 오래된 책들이 많아요. 더 오래된 것도 많았었는데 엄마가 다 버리시고, 저도 많이 처분도 했어요. 근데 만화책은 사실 팔아봐야 얼마 하지도 않고, 저한테는 너무 소중한 추억이라서 못 버리겠더라고요. 다행인 건 저희 신랑이랑 제가 고등학생 때 만화동아리에서 처음 만났거든요. 그래서 저희 신랑도 구경할 게 많다고 이 방을 좋아해요. 보통 퇴근하고 오면 이 침대 쪽에 앉아서 주로 맥주와 과자를 먹으며 영화를 보곤 해요.

"너무도 또렷하게 기억이 나니까,
하나하나 다 우리 집의 일부 같아서
무엇 하나 쉽게 내버릴 수가 없더라고요."

원래는 안방에서 저희 세 식구가 다 같이 잤었어요. 근데 애가 자기도 이제 6살이 되었으니까 방이 필요하다고 해서 그냥 안방을 줬어요. 애가 자라면서 짐도 많아져서 애 책 꽂으려고 제 책을 많이 버리고, 옷장도 원래는 엄마 아빠 옷이 있던 데가 이제는 다 애 옷으로 들어찼어요. 얘가 신발도 많아서 제가 맨날 "넌 지네니? 발이 몇 개야?"라고 얘기하곤 해요. 짐이 다섯 식구 살 때 비해서는 그나마 많이 줄어들긴 했는데, 사실 세 식구 짐 치고는 너무 많아요. 그래서 엄마가 이 집 오실 때마다 좀 치우고 살라고 잔소리를 엄청 하세요. 다섯 식구도 살던 집에 겨우 세 식구 짐으로 이렇게 꽉 차면 나중에 이사할 때 어떻게 할 거냐고 그러시죠.

　처음 이 집에 왔을 때는 아이가 기어 다녔어요. 이런 모퉁이에서 빼꼼하고 기어 나오면 '아이고, 저거 언제 걸어 나오나…' 싶었는데 이제는 엄마를 부르며 뛰어나오니까, 가끔 모퉁이 돌아서 나올 때마다 어릴 때 생각이 나요. 저 화장실 턱도 못 내려서 기어 내려갔는데 이제는 뭐 의자 위에서 뛰어내리고 많이 컸구나 싶죠. 사실 아기가 많이 어렸을 땐 정말 여기서 나가고 싶었어요. 일단 겨울에 너무 춥고, 애가 어릴 땐 정말 수시로 씻겨야 하는데 뜨거운 물 나오는 시간도 정해져 있고, 여름엔 그나마 나오던 온수도 몇 주 동안 아예 단수되거든요. 심지어 가끔 녹물이 나오기도 하고요. 그런 게 너무 힘들다 보니까 애가 한두 돌 될 때까지는 정말 나가고 싶었어요. 그냥 제가 살 땐 몰랐는데 애를 키우기에는 너무 불편하더라고요. 근데 애가 좀 크고 나니까 그것도 이제는 어느 정도 익숙해져서 괜찮아졌어요. 그리고 우리 집이 2층이라서 유모차 때문에 정말 많이 불편했었는데, 이제는 애가 커서 계단을 성큼성큼 걸어 내려가니까 힘든 것도 잠깐이네 싶고 그래요. 오히려 한 걸음만 나가면 어디 공원에 따로 갈 필요도 없이 그냥 아파트 단지가 공원도 아니고 무슨 정글 같으니까 애들한테 정서적으로도 참 좋은 것 같아요.

　제가 자란 집에서 제 아이를 키우는 게 가끔 참 기분이 묘할 때가 있어요. 옆집에 어릴 때부터 친한 언니가 있었는데 그 언니도 여기서 오래 살다가 시집을 갔어요. 그 집 부모님은 지금도 옆집에 사시고요. 그 언니도 애를 둘 낳아서 주말마다 데리고 오면 저희 애랑 그 집 애들이 이 복도를 뛰어다니면서 노는데 그걸 보면 기분이 되게 묘해요. 언니도 그렇다고 하더라고요. 여기서 우리가 어릴 때 같이 뛰어놀았는데, 이제는 우리의 애들이 여기서 놀고 있는 걸 보니까…. 다른

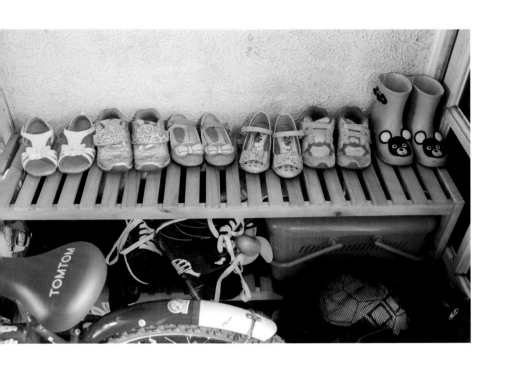

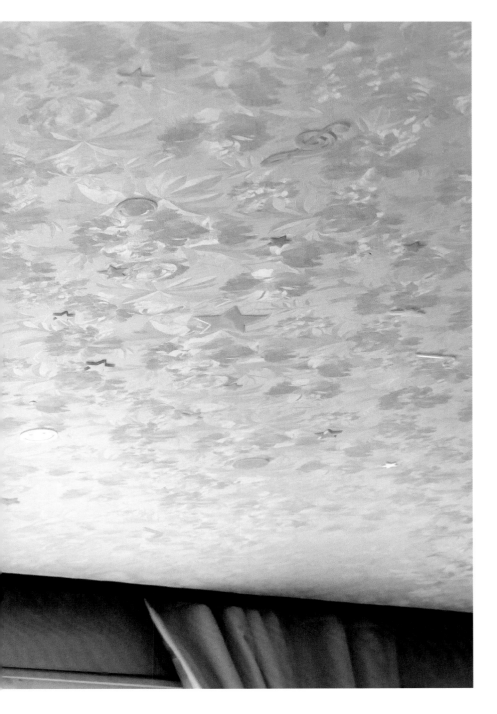

집 애들 만나서 놀 때보다 여기서 같이 자란 언니 애랑 뛰어다니면서 노는 걸 보면 기분이 정말 묘하더라고요. 진짜 만감이 교차한다는 걸 그때 처음 느꼈어요.

107호는 저희 대모님 댁이고, 같은 층 207호 아주머니는 제가 저희 딸만 할 때부터 보셔서 저희 딸을 보면 "아이고 너희 엄마가 어릴 때 얼마나 예뻤는지 아니?" 그러시면서 똑같이 막 예뻐해 주시거든요. 아무래도 제가 어릴 때부터 쭉 크는 걸 봐오셨으니까 겹쳐 보이는 부분들이 있으시겠죠. 가끔 집에 혼자 있을 때면 찾아오셔서 아기 주라고 과자도 갖다 주시고 그러세요. 그리고 가끔은 저희 딸이 되게 뻔뻔하게 207호에 놀러 가서 과자도 먹고, TV도 보고 놀다 오기도 해요. 어쩌면 여기가 복도식이라서 더 그럴 수 있었던 것 같아요. 여름에는 집집이 다 문을 열고 있잖아요. 지나가다 보면서 "안녕하세요?" 인사도 하고, 그러면 "들어와서 이거 먹고 가."라고 그러시거든요. 그러면 저희 딸은 정말 또 뻔뻔하게 들어가서 먹고 있는 거죠. 근데 어르신들도 두 분만 사셔서 오히려 저희 딸이 그러는 걸 좋아하실 것도 같아요. 1층 대모님 댁도 아이들이 다 시집 장가가서 손자 데리고 가끔만 오니까 저희 아기가 기웃대면 좋아하시더라고요. 그럴 때마다 '아, 여기 되게 오래 살아서 이런 점도 참 좋구나!' 싶어요. 어딜 가면 이렇게 오래된 좋은 이웃들을 또 만나겠어요.

206호 아주머니도 우리 집이랑 진짜 오랫동안 끈끈하게 지냈거든요. 저희 할머니랑도 친하셔서 자주 놀러 오시곤 했고, 아저씨 돌아가시고 나서 아주머니 혼자 계실 때는 자주 찾아뵙고 들여다보고 그랬어요. 지금은 그 집 언니가 하남으로 시집가서 애를 낳아서 아주머니도 206호 집은 세를 주고 언니네 집 근처로 이사를 하셨어요. 저희 할머니도 지금은 다른 집으로 가셨지만, 가끔 "206호 그이는 요즘 둔촌동은 오니?" 하면서 정말 그리워하세요. 그리고 105호에도 할머니, 할아버지가 사셨는데 두 분 다 돌아가셨거든요. 그 소식을 듣고 할머니가 많이 슬퍼하셨어요. 여길 떠나면 이렇게 오래된 이웃들을 다시 만나고 유지하기가 쉽지 않을 것 같은데…. 재건축을 하게 되면 이 자연환경과 오래된 이웃, 이 두 가지는 분명히 사라지는 거잖아요. 그게 정말 아쉬울 것 같아요.

이곳이 재건축으로 사라지는 것을 어떻게 생각하시나요?

말로는 "그래, 뭐 여기 재건축되면 나가야지."라고 간단하게 얘기하는데 사실 솔직히 상상이 잘 안 돼요. 왜냐하면, 잠깐 외국에 나가서 살았던 적은 있었지만 어쨌든 그래도 제가 다시 돌아올 곳은 여기였으니까요. 이곳을 무너트리고 공사하는 모습을 보면 어떤 감정이 들지 사실 상상이 잘 안 되고 실감이 안 나요. 어쨌든 재건축을 하고 나면 동네가 많이 바뀔 거잖아요. 둔촌동이라는 지명은 그대로겠지만, 이 모습은 아니겠죠. 아파트 조감도 같은 걸 봐도 확 와 닿지 않아요. 아직도 계속 좀 먼 얘기 같아요. 저만 그런 마음이 드는 것 같진 않고, 여기 오래 산 분들이 대단히 많은데 그분들이 다들 내심 별로 실감이 안 난다는 생각을 하고 있지 않을까 싶어요.

이 집은 당신에게 어떤 의미인가요?

다들 그렇게 생각하고만 있어서 이렇게 계속 늦춰지는 건 아닐까 싶어요. 아마 다른 분들도 많이들 그러실 것 같은데, 저에게 이 집이 뭐라고 한마디로 얘기할 수는 없을 것 같아요. 저 문을 볼 때마다 내가 저 문을 도대체 몇 번이나 드나들었을까 생각하거든요. 계단을 오르내릴 때도 내가 도대체 여기를 얼마나 많이 오르내렸을까 싶고요. 제가 태어난 곳은 충청도였지만 저한테 진짜 고향은 결국 여긴 거 같아요. 이젠 아주 낡고 불편하고 그래도 어쨌든 저도 아기 때부터 여기서 이렇게 컸고, 또 여기서 제 아이를 키우고 있고…. 어떻게 말로는 잘 표현이 안 되는데 결국 '돌아가야 할 포근한 곳'. 엄마의 품이랑은 또 조금 다른 그런 느낌인 것 같아요.

부모님이 은퇴하고 이사하신 곳은 신도시라서 완전히 새 아파트거든요. 거기로 이사 갈 때 아버지는 드디어 넓은 새집에서 살게 됐다고 많이 좋아하셨어요. 여기 둔촌주공아파트에 처음 들어왔을 때도 그 당시에 이미 한 7년쯤 된 아파트였으니까 완전히 새 아파트는 아니었거든요. 엄마는 그렇게 좋다는 얘기는 잘 안 하시는데, 그래도 요즘 아파트가 워낙 수납공간도 잘 되어 있다 보니까 편리하기는 하다고 하시더라고요. 근데 저는 엄마, 아빠가 새집에 계시는 게 되게 낯설어요. 보통 다들 친정 가면 마음이 편해진다고 하는데, 저는 그 집에 가면 엄마, 아빠가 다 도와주시니까 편한 건 있지만, 마음이 편안해지는 것 같진 않더라고요. 제가 태어났던 곳은 공주였으니 사실 그쪽이 제 고향이긴 한데도 둔촌동이 집에 와야 '아, 정말 집에 왔다'라는 생각이 들고 더 편안해져요. 그리고 식구들 모습이 더 많이 떠오르는 것도 아무래도 이 집이죠.

앞으로는 어디서 어떻게 살고 싶은가요?

어쨌든 결국 우리는 이곳을 떠나야 하죠. 저는 이곳을 떠나고 나면 아마 여기로 돌아오지는 않을 것 같아요. 현실적으로 신랑 직장이 가까운 경기도 광주나 부모님이 계시는 세종시로 갈 것 같아요. 저랑 신랑이 둘 다 이사를 별로 안 좋아해요. 저는 너무 안 다녀서 싫어하고, 신랑은 너무 많이 다녀서 싫어하거든요. 그래서 애를 키울 거면 그냥 한 곳에 쭉 정착해서 초·중·고등학교까지는 한집에서 다니게 해주고 싶은 마음이 있어요. 근데 우리 딸이 이제 6살이니까 내후년이면 초등학교를 들어가거든요. 그래서 지금부터 어떻게 해야 하나 고민을 하고 있어요. 근데 제가 지금 만화 작업을 하고 있는데 저도 제 작업을 계속하고 싶은 욕심이 크기 때문에, 친정 부모님이 계시는 세종으로 내려가면 혹시라도 바쁠 때, 애가 그나마 따뜻한 밥이라도 얻어먹고 다닐 텐데 싶어서 저는 그쪽으로 가고 싶긴 해요. 근데 또 세종에 가면 신랑이 일자리를 완전히 새로 구해야 하는 문제가 있어서, 만약에 수도권에 남아있다면 그나마 신랑 직장이 가까운 광주 쪽으로 빠지는 것도 괜찮겠다고 생각하고 있어요. 근데 저는 뭐 다른 건 안 바라고 어딜 가든 좀 적게 벌어도 거기에 맞춰서 그냥 우리 세 식구, 아니 고양이까지 해서 네 식구가 같이 모여서 행복하게 살았으면 좋겠어요.

"아마 다른 분들도 많이들 그러실 것 같은데,
 저에게 이 집이 뭐라고
 한마디로 얘기할 수는 없을 것 같아요."

옆집에 나란히,
두 지붕 한 가족

406동

조인숙 1951년생 / **임영훈** 1977년생 / **이필례** 1929년생

둔촌주공아파트 35년 거주 (1982 ~ 2016 현재)

부부와 아들 셋의 5인 가정으로 살다가 바로 옆집으로 할머니 이사오심
아들 셋은 독립시킨 후, 부부와 할머니가 옆집에 계속 나란히 거주

어머니 조인숙

둔촌주공아파트에는 어떻게 오게 되었나요?

예전에는 저희가 성내동 단독주택에 살았거든요. 그때 제 친구가 여기 둔촌주공아파트에 살았는데, 집을 얼마나 튼튼하게 잘 지었는지 킹콩이라고 애들이 타고 노는 게 있었는데 그거를 아무리 뛰고 놀아도 아래층에서 아무 말 안 한다고 그러는 거예요. 그래서 우리 집도 아들이 셋이니까 좀 튼튼하게 잘 지어진 데서 살아야겠다 싶어서 여기로 이사 왔어요.

처음엔 306동, 307동에서 전세를 살다가 지금 이 집을 사게 됐어요. 근데 3단지랑 4단지가 분위기가 많이 다른 게, 이쪽은 무슨 사람 사는 곳 같지 않게 너무 조용해서 처음엔 적막감마저 들었어요. 4단지가 좀 더 숲 같고, 새소리 나고 그런 건 좋았지만 무슨 절간처럼 너무 고요했어요. 그리고 나이 드신 분들도 3단지보다 좀 더 많아서 아랫집 할아버지가 애들 뛰어다니는 소리가 시끄럽다고 조심하라고 그러셨거든요. 그나마 그다음에 이사 온 집은 그 집도 아들들을 키워서 서로 좀 이해해주고 그래서 다행이었어요. 그러다가 옆집에 아기 가진 새댁이 이사 왔는데, 아기 소리가 막 나는 게 시끄럽기보다는 오히려 사람 사는 동네 같아 좋더라고요. 그래서 그 집 엄마하고 친하게 지냈어요. 그 집 엄마는 학교 선생님이었는데 애들은 나이 차이가 좀 나서 같이 애 키우는 재미 같은 건 없었어도 좋은 이웃으로 지냈어요.

그러다가 1994년에 그 집이 좀 더 넓은 집으로 이사한다고 그 집을 판다고 하길래 저희 엄마를 이쪽으로 모시고 와서 같이 살면 좋겠다 싶어서 저희가 엄마더러 그 집을 사시라고 했어요. 바로 옆집에 우리 어머니가 오시니까 반찬도 해주시고, 살림도 많이 도와주시고 그랬어요. 그리고 제가 1988년도에 퇴직을 하고 한 10년 쉬다가 1998년부터 남편 회사에 나가서 일하기 시작했거든요. 제가 일을 하다 보니까 도우미 아주머니가 집에 오셨는데, 어머니가 오셔서 일도 시키시고, 반찬도 같이 만들어서 양쪽 집이 나눠 먹고 그랬어요. 어머니께서 양쪽 집을 챙기시느라 참 아주 바쁘셨지요. 제가 뭘 모으는 건 잘하는데 버리는 걸 못하니까 부엌이랑 다용도실 같은 데 정리하는 건 어머니가 많이 해주셨어요. 그리고 우리가 아들 셋인데 방이 두 개밖에 남지 않으니까 엄마네 집 남는 방에서 애를 가서 살게 하고, 참 여러모로 신세를 많이 졌어요. 이렇게 옆집에 사는 게 뭔가 신기할 수도 있는데 그냥 한 집같이 왔다 갔다 하고 그런 거라 사실 특별한 건 없어요. 어떻게 보면 한집에서 같이 사는 것보다 오히려 이게 더 이상 적일 수도 있는 것 같아요. 어쨌든 공간은 딱 분리가 되고 살림도 나름 명확하게 구분이 되니까 좋죠.

여기서 어떻게 살았고, 어떤 기억이 있나요?
지난 30년 동안 산 걸 생각해보면 우리는 아들만 셋이긴 했지만, 그래도 애들이 순해서 어디 다치거나 아픈 거 없이 그냥 참 무난하게 잘 커 주었어요. 애들이 정도 많고, 얘기도 잘해서 아들이라고 집안 분위기가 냉랭하다거나 그런 것도 별로 없었고 재미있었어요. 아들 셋도 나름대로 기를 만하다고 생각하면서 길렀던 것 같아요. 애들이 어릴 때는 안방을 애들한테 줬어요. 저랑 남편은 둘 다 직장에 나가니까 어차피 집에선 잠만 자고 방에는 옷장 하나만 놓으면 되어 젤 작은 방에서 지냈어요. 셋이서 그 안에서 자기들끼리 텐트도 치고 놀고, 잠도 자고 그랬죠. 그리고 우리 애들이 여기 거실에서 피아노를 많이 쳤어요. 특히 둘째가 정말 잘 쳤거든요. 그래서 지금도 피아노를 보면 아들들 생각이 많이 나죠. 그래서 남들은 거실에 소파 놓고 그러는데 저희는 피아노를 안 없애고 그냥 계속 산 것 같아요. 지금은 제가 예전에 국민학교 때 조금 배웠던 거랑 직장 다닐 때 또 몇 달 배운 거로 그냥 혼자 가끔 연습을 해보곤 해요. 브루크 뮐러 같은 걸 가지고 독학하는 거죠. 근데 연습을 많이 못 해서 딱히 취미라고 말하기엔 좀 그렇고요.

이 집에서의 추억이라면 예전에 우리 막내랑 베란다에 저 화단을 만들 때가 기억에 오래 남아요. 703호 엄마가 이걸 만드는 법을 알려줘서 우리 아들이랑 같이 돌이랑 흙을 아파트 화단에서 가져오고, 시멘트도 좀 얻어서 만들었는데 굉장히 만족스럽고 즐거웠어요. 우리 막내가 어려서부터 흙 만지고 그러는 걸 좋아해서 저 화단에 난초나 봉숭아 같은 걸 많이 심어 놓았었어요. 근데 한 2~3년 전부터는 여기 뒤에 둔촌 텃밭을 꽤 넓게 경작하다 보니까 베란다 화단은 신경을 못 써서 지금은 아무것도 안 심고는 있어요. 그나마 저 고무나무는 우리 성당 대녀가 중국 발령 나면서 주고 간 건데 작은 움이 팍팍 터서 큰 이파리로 잘 자라는 걸 보면 기분이 좋고 애착이 가요. 취미가 따로 없으니까 이게 취미라면 취미죠. 사실 물 주는 것도 일일이 쌀뜨물을 받아놓았다가 주니 일이 은근 많아요.

제가 그림도 조금씩 그리고 있는데 열심히는 못 하고 있어요. 같이 화실에 다니는 친구가 있어서 화실에서 조금씩 그리기는 해요. 그림 보는 걸 좋아해서 별거는 아니고 성당 주보나 남편 고등학교 동문회 신문 같은 걸 보다가 '아, 이 그림 좋다.' 싶은 게 있으면 잘라서 그냥 이렇게 손 가는 대로 붙여 놓곤 해요. 저는 사실적으로 그린 그림보다는 이런 인상파 같은 느낌을 좋아하거든요. 해마다 연하장처럼 그림을 보내주시는 분이 계셔서 그것도 같이 붙여 놓았어요. 늘 붙여놓고 보는 그림들인데 가끔 찬찬히 뜯어보면 이렇게 또 새삼스럽게 좋네요.

제가 뭘 잘 버리지를 못해서 안방구석을 보면 오래된 책들이 정말 많아요. 근데 사실 이제 저걸 누가 읽겠어요. 시험지 같은 종이에 활자체도 깨알만 하고, 한자 섞인 책인데… 전에 일본사람이 쓴 '나는 단순하게 살기로 했다'를 읽어보니까 사람들이 책을 못 버리는 건 내가 이만큼 책을 읽고 산다는 걸 남한테 보이고 싶은 과시욕 때문이라고 하는데 그 말도 맞는 것 같아요. 근데 뭐 사실 내가 이걸 누구한테 보여주려고 이러는 건 또 아닌 거 같고, 그냥 정리를 못 하고 게을러서 그런 거죠. 어떻게 보면 이사를 너무 안 다녔기 때문에 정리할 기회가 없었던 것 같아요. 정리할 마음이 없었고, 꼭 할 필요도 없었던 거죠.

집 안에 있는 가구들은 거의 다 둔촌주공아파트 이사 왔을 때쯤 산 건데, 그 당시에는 이런 고가구가 많이 유행이었어요. 그리고 라디에이터도 다 이런 톤으로 씌워서 했던 것 같아요. 이대로 30년이 저절로 가버린 거죠. 30년이 지나니까 아파트에서 보이는 풍경도 바뀌었어요. 예전엔 거실에서 창밖을 보면 저 멀리 일자산 자락에 단풍 물든 것도 보였어요. 근데 이 앞에 있는 나무가 30년 사이에 너무 자라버린 거예요. 처음에 왔을 때는 나무가 저 밑에 있었는데, 이제는 10층 높이만큼 올라왔어요. 서서히 바뀌어서 평소에는 잘 모르지만, 어느 날 보면 '이게 이렇게 자랐나…' 싶은 때가 있는 거죠.

30년을 살면서 집도 집이지만 전 이 동네가 참 좋았던 것 같아요. 조용하고, 공기도 좋고, 이웃들도 좋고 다 너무나 만족스러웠어요. 지금 우리 집 앞도 나무가 가득한데, 예전에 3단지 살 때도 거실에 앉으면 넓은 푸른 잔디가 딱 보여서 그걸 보고 있으면 참 마음이 안정됐어요. 그리고 이 아파트는 구릉도 있고, 길 하나도 오솔길처럼 곡선으로 되어 있고, 부드러운 선들이 곳곳에 있어서 그 점이 재미도 있고, 변화도 있는 것이 특징인 것 같아요. 동네 느낌이 굉장히 평화스럽죠. 특히 4단지 뒤에 '김일성 루트'라고 불리는 그 길을 정말 좋아해요. 그쪽이 전망이 정말 아름다워서 예전부터 그렇게 불렸는데, 그 길이 흙길이라서 걸어 산책하기에도 안성맞춤이에요. 그리고 1단지를 지나서 지하철까지 가는 길도 벚나무, 단풍나무들이 줄지어 있어서 사계절을 한껏 누릴 수 있었어요. 다른 사람들은 지하철에서 가깝고 편리한 걸 좋아하는데 저는 그런 것보다는 거리가 좀 있어서 충분히 걸으면서 올라올 수 있었던 게 오히려 좋았던 것 같아요. 나무 숲길로 걸어오니까 운동도 하고, 계절도 많이 느낄 수 있고, 이 생각 저 생각 할 수 있었어요. 그리고 바로 가까이에 제 친한 친구가 살거든요. 고등학교부터 대학교 같은 과까지 함께 간 친구였는데 사는 곳까지 같아져 버린 거죠. 그 친구랑 한 30년 동안 주말마다 만나서 일자산에 가고 그랬어요. 앞으로도 재건축이 될 때까지는 그 친구하고 계속 그런 패턴으로 같이 주말을 보낼 거 같아요.

"이대로 30년이 저절로 가버린 거죠.
30년이 지나니까 아파트에서 보이는 풍경도 바뀌었어요.
서서히 바뀌어서 평소에는 잘 모르지만,
느 날 보면 '이게 이렇게 자랐나…' 싶은 때가 있는 거죠."

이 집은 당신에게 어떤 의미인가요?

저한테 이 집은 참 고마운 집이죠. 그동안 이 집에서 사는 동안 좋은 일도 많았고, 바삐 지냈던 평범한 생활이지만 크게 힘든 일 없이 일상을 보냈던 것 같아요. 애들이 속 썩이는 일도 없었고, 학교 들어가고 취직하고 그런 일들이 다 그냥 무난히 이루어졌어요. 그리고 아무래도 공기가 좋고 그러니까 다들 건강하게 지낸 것 같아요. 그래서 그런지 저는 집이라는 걸 재산가치로는 별로 생각을 안 해봤어요. 진짜 '하우스'보다는 '홈'이라는 생각을 많이 했지요. 식구들이 모여 있는 공간. 지금은 식구들이 다 나가버려서 그 의미가 별로 없긴 한데, 그래도 넓은 집보다 이 집을 더 좋아했던 게 아무래도 좁으면 많이 부딪히니까 어쩔 수 없이 같이 있어야 하는 기회가 많아지잖아요. 다른 사람들이 넓은 집, 새 집 사서 계속 넓힌다고 이사 다니는데 별로 부럽지도 않고, 공감되지도 않았어요. 저는 이 집 가격이 어떻게 되는지 별로 상관 안 하고 살았어요. 이 집은 그냥 늘 나에게 안정을 준 고마운 곳이라는 생각을 해요. 저는 이 집을 항상 마음에 들어 했어요. 남들은 여기가 낡고, 깔끔하지도 않다고 하는데 한 번도 그런 것에 대해서 불평을 해본 적이 없고 그냥 물건을 없애면 되고, 조금 수리하면 되고, 벽지 다시 바르면 새것처럼 되는 건데라고만 생각했던 것 같아요.

이곳이 재건축으로 사라지는 것을 어떻게 생각하시나요?

사람들이 그렇게 재건축을 추진할 때도 저는 그냥 리모델링하면 좋지 않을까 생각했었어요. 저는 정말 재건축을 반대했거든요. 총회 같은 거 할 때도 얼굴 한 번 안 내밀고, 사인도 해 준 적이 없었어요. 그래도 결국은 재건축을 하는 거로 결정이 났죠. 사람들이 관리 처분하면 가격이 오르네 어쩌네, 추첨하니까 뭐를 써내라 마라 그러는데 그런 거에 관심도 없고, 절차도 잘 모르겠더라고요. 진짜로 재건축이 된다는 것에 제가 좀 충격을 받았던 것 같아요. 사실 이 재건축이 16년을 넘게 끌었잖아요. 그렇게 오랫동안 재건축 얘기를 들으며 살았으니까 그냥 이러다가 흐지부지되고 혹시 리모델링으로 바뀌지 않을까 하는 그런 기대도 끝까지 했던 것 같아요. 여기 이 숲이 다 없어지고 싹 바뀌는데 아파트가 새 건물이라고 무슨 의미가 있어요. 재건축이 결정되고 나니까, 그래 어차피 이제는 이런 아파트에서는 살 수 없는 거고, 이 모든 게 다 변할 텐데 그냥 새로운 곳을 다시 찾아보는 것도 의미 있지 않을까 싶어서 지난 2015년 11월에 집을 팔았어요. 다들 조금만 기다리면 가격도 좀 더 잘 받을 수 있을 텐데 왜 그렇게 급하

게 결정하냐고 반대했는데 그땐 정말 너무 시끌시끌해서 그냥 그렇게 마음이 먹어졌어요. 살면서 아파트 청약도 한 번도 안 해보고 부동산에도 관심이 별로 없었거든요. 이 집도 청약해서 들어온 게 아니고 집을 보고 골라서 사서 들어온 집이에요. 그래서 뭘 써서 내고 기다리고 가격이 어떻게 되고 그런 걸 해 본 경험이 전혀 없어요. 뭔가 집을 추첨을 해서 정한다는 그 불확실성 때문에 걱정도 되고, 내가 좋아하는 지금 환경도 어차피 아닐 테니 그냥 그렇게 팔아버리기로 결정한 것 같아요. 그리고 어차피 우리가 판다고 해도 이 집을 사는 사람이 지금 여기에 들어와서 살 생각은 없을 테니까 재건축할 때까지 우리가 여기서 계속 산다는 조건으로 팔았어요. 팔고 나서 아파트 가격이 그 뒤로 많이 오르긴 하더라고요. 근데 뭐 한 5~6년 전에 여기가 정말 비쌌을 때 사서 들어온 사람들도 이 동네에 많거든요. 그 사람들은 대출 이자는 이자대로 내면서 집 가격은 내려갔으니까 그동안 굉장히 고통이 많았을 것 같더라고요. 그런 사람들 생각하면 그래도 조금은 올라서 그들이 좀 보상받게 되는 것도 다행이라는 생각이 들었어요.

근데 재건축 과정을 지켜보면서 참 서글픈 건, 지금은 여기 살던 집주인들이 집을 전세로 돌리고 다 다른 곳으로 나가버렸다는 거예요. 여기가 주는 이런 특출난 환경, 좋은 이웃 같은 걸 더는 누리고 사는 게 아니다 보니 이젠 그저 빨리 집을 새로 지어야 재산 가치도 올라가고, 깨끗한 집에 다시 들어와서 살 수 있다고 생각하는 거죠. 근데 뭐 다수결이니까 어떡해요. 할 수 없죠. 뭐….

앞으로는 어디서 어떻게 살고 싶은가요?
아마 재건축을 하게 돼도 저는 이 동네를 못 떠나고 계속 근처를 돌 것 같아요. 이제 이 동네가 고향이 되어버린 거죠. 수십 년 동안 성당을 중심으로 생활도 해왔고, 이 동네 사람들하고도 아주 친해졌고, 애들하고 추억도 많고 그래서 아마 못 떠날 거 같아요.

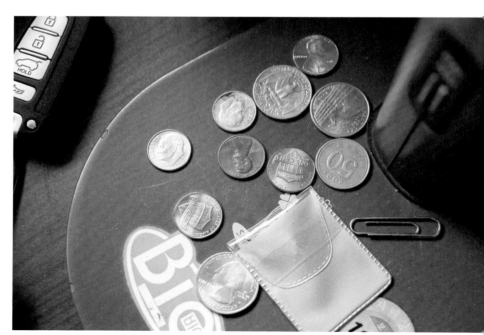

첫째 아들 임영훈
둔촌주공아파트에는 어떻게 오게 되었나요?

저는 성내동에서 살 때 다섯 살이었는데 거기서 이 아파트가 올라가는 게 보였던 기억이 나요. 상당히 거리가 있는 곳이었는데도 아파트 지대가 높고, 그때 성내동은 다 낮은 집들이어서 10층짜리 네모난 아파트가 올라가는 게 보였어요. 그걸 보면서 부모님이 이제 우리가 저기로 이사를 한다는 얘기를 하셨었고, 제가 초등학교 입학할 때쯤 이사를 왔어요. 3단지에서 살던 집들은 사실 2년씩밖에 안 살았는데도 어렸을 때 산 게 정말 중요한 거 같아요. 놀이터에서의 추억도 많고 그래서 그 근방은 지금 가도 낯설지가 않더라고요. 그리고 이 집에 와서는 몇 년이 지나도 이사를 안 하니까 그제야 여기가 정말 우리 집이라는 느낌이 들었어요.

여기서 어떻게 살았고, 어떤 기억이 있나요?

예전에는 옆집이나 위층에 친해지는 분들이 있으면 집에 놀러 오시기도 하고 교류도 많이 했던 것 같아요. 그리고 우리 집은 동네 이웃도 있지만, 성당 분들이 집에 많이 오셨어요. 부모님이 밖에서 만나시다가 갑자기 집으로 손님을 모시고 오는 경우가 은근히 있었어요. 미리 연락을 해주시는 것도 아니니까 저희는 밤에 편하게 놀고 있다가 갑자기 두세 시간 동안 방에 갇혀 있고 그랬어요. 그래도 지금 생각해보면 그때는 이웃 간에 집에서도 밥을 먹고, 술도 먹고 그런 옛날 분위기가 있어서 좋았던 것 같아요.

할머니네랑 저희 집이 이렇게 바로 옆에 붙어 있으면서 함께 생활하는 것이 남들 보기엔 신기할 수 있어도 사실 저희한테는 그렇게 놀라운 건 아니거든요. 저희 집이 둔촌주공아파트에 오기 전에 살던 성내동 집도 그렇게 넓지 않은 집이었는데 이모랑 외삼촌 다 같이 한집에 살았어요. 둔촌동에 이사 온 후에도 할머니가 외삼촌이랑 413동에 사셨으니까 그때도 왕래가 되게 잦았거든요. 나중에 재건축으로 이 집을 떠나게 되면 그땐 그냥 한집에서 같이 사실 생각을 하고 계시더라고요.

할머니네랑 옆집에서 나란히 지내는 데에는 어떤 규칙이 명확하게 있는 건 아니지만, 또 그래도 은연중에 구분이 좀 있기는 해요. 이쪽 집에 살면 여기

서 밥을 먹고, 할머니 댁에 자기 방이 있으면 밥도 그 집에 가서 먹는다는 그런 구분이 있어요. 할머니는 정말 부지런하셔서 특별히 할 일이 없어도 늘 뭔가를 하고 계시고 온종일 습관적으로 집안일을 하세요. 그런 분이셔서 할머니네 가서 밥을 달라고 하는 걸 할머니가 사실 싫어하시진 않는데, 점점 나이가 드시니까 이젠 괜히 저 집에 얼쩡거려서 밥을 또 차리시지 않게, 알아서 차려 먹자는 얘기가 있었거든요. 저 집에 막내가 오래 지냈는데, 밥은 저 집에 가서 먹고, 생활은 주로 이쪽에서 했어요. 아무래도 할머니는 TV를 주로 드라마만 보시고, 9~10시에는 기도하고 일찍 주무시다 보니 다 큰 남자애가 할머니랑 어울릴 수 있는 게 많진 않아서 보통 밥 먹고 나면 여기 와서 아빠나 형들이랑 같이 야구를 보거나 놀거나 그랬어요.

　저는 이 집에서 86년부터 23년 정도 살다가 독립을 했어요. 저희 아버지가 평소에 간섭을 많이 하시는 건 아닌데 뭘 하기로 하면 단호하신 편이거든요. 근데 서른 살 넘으면 결혼을 하든 안 하든 독립해서 나가 살라고 압박하셔서 결국 나왔어요. 근데 멀리는 못 가고 풍납동에서 지내고 있습니다. 혼자 살아본 게 먹여주고 재워주는 군대 빼고, 일 때문에 잠깐 안산 쪽에서 한 석 달 있었던 게 전부거든요. 그때도 주 중에 출퇴근만 거기서 한 거고, 주말마다 집에 왔기 때문에 거기에 살림살이를 갖다 놓고 그런 건 아니었어요. 이번에 집에서 나오고 나서 결혼을 금방 할 줄 알았거든요. 그래서 세탁기도 그냥 안 있는 집으로 이사했어요. 이게 막상 해보니까 바로 옆 동네인데도 보통 일이 아닌 거예요. 그래서 둘째가 나오지 않으면 저도 도로 들어올 생각도 잠깐 했었어요. 근데 이제 몇 년이 지나니까 처음보다는 어쩔 수 없이 여러모로 숙련되는 것 같아요. 그리고 제 살림살이도 점점 더 늘어서 아무래도 이제는 다시 들어오긴 힘들어진 것 같아요. 그래도 독립해서 좋은 건 이 아파트가 중앙난방에 오래되고 낡아서 더운물도 잘 나오지 않고 수압이 약하잖아요. 근데 제가 처음 계약해서 들어갔던 집은 되게 허름한 집인데도 지은 지 10년 정도밖에 안 되었으니까 오히려 훨씬 낫더라고요. 개별난방이니까 내가 추우면 난방을 하면 되고 더우면 줄일 수 있잖아요. 근데 이 집은 더울 때는 사실 큰 문제는 없었는데 추울 때 난방을 따로 할 수가 없고, 지금은 그나마 급수 보일러를 단 지 몇 년 됐지만, 저 나갈 때만 해도 중앙급수니까 더운물이 나오는 시간에만 나와서 쓰고 싶을 때 쓸 수 없는 게 너무 불편했거든요.

이 집은 당신에게 어떤 의미인가요?

그런데도 '집'이라고 하면 여기 둔촌주공아파트 집이 떠올라요. 지금 사는 집은 전세를 계속 연장하고 있기는 한데 여기서 내가 길게 살 거로 생각하고 계약을 한 집은 아니어서 그런지 안산에 있을 때처럼 숙식만 해결하려고 구해놓은 방 같은 느낌이 약간 있어요. 실제로 방이기도 하고요. 반면에 여기는 30년 정도 살았으니까 완전히 다른 느낌이죠. 아직도 저한테는 여기가 제집인 거예요. 지금은 막내까지 다 다른 집에서 살고 있는데 뭔가 이 집에서 다 같이 모여야 '집'에 모인 느낌이 들더라고요. 어떻게 보면 여기는 자가로 수십 년을 살아서 이런 느낌이 들 수 있는 거겠죠?

이곳이 재건축으로 사라지는 것을 어떻게 생각하시나요?

저는 재건축에 대해서는 어머니랑 생각이 비슷해요. 재건축하고 나면 여긴 완전히 다른 동네가 되는 거죠. 그래서 어머니가 집을 팔겠다고 하셨을 때는 저도 많이 말렸어요. 그게 집값이 오르고 떨어지는 걸 떠나서 너무 하루아침에 갑자기 파신다고 하니까 아니 왜 30년 산 집을 그렇게 급하게 팔려고 하시냐고 말렸죠. 팔더라도 적어도 몇 달은 생각해봐야 할 거 아니냐고 반대를 했었어요. 근데 어머니는 그냥 그 모든 복잡한 상황이 싫으셨던 것 같아요.

이 동네를 떠나도 원형이 보존되어 있어서 나중에 다시 와서 기억에 남아있는 모습을 볼 수 있으면 괜찮을 텐데, 떠난다는 것보다는 여기가 없어진다는 것에 대한 상실감이 정말 보통이 아닐 것 같아요. 예전에 대학교 다니던 동네에 오랜만에 가보면 가게 같은 것들이 다 변해 있잖아요. 우리 학교는 심지어 캠퍼스도 다 갈아엎었는데 재작년쯤에 한번 학교 전체가 공사 중일 때 갔다가 굉장히 낭패라는 느낌이 들더라고요. 완공 후에는 아직 못 가봤는데, 예전의 기억을 간직한 소소한 것들이 없어지면 그곳에 대한 기억들이 어렴풋이 밖에 안 떠오를 테니까 결국은 완전히 잊어버리게 될 것 같아요. 둔촌주공아파트 놀이터도 안전 문제로 다 철거했는데 예전에 있던 게 한순간에 통째로 없어지고 보니까 굉장히 말로 표현이 잘 안 되는 감정이 들었어요. 보완해서 보존하는 방법도 분명 있었을 텐데 그런 부분이 좀 안타까운 거 같아요.

할머니 이필례

둔촌주공아파트에는 어떻게 오게 되었나요?

나는 여기 살기 전엔 남편이 육군에서 장교로 근무해서 한 군데서 오래 못 살고 계속 옮겨 다녔어. 그 뒤에는 집안 사정이 있어서 육군을 그만두고 사업 때문에 온 가족이 지방으로 내려갔거든. 그때 큰딸만 경기여중 2학년이라 친척 집에 맡기고 내려갔지. 그래서 광주에서 자리 좀 잡고 살려고 하다가 애들 교육 관계로 다시 서울로 올라왔어. 그때 휘경동에 살다가 성내동 주택으로 이사했다가 그리고 여기 둔촌동으로 와서 한 10년 살았지. 그러다가 며느리가 휘경여중 교편을 잡아서 학교 가까이에 가느라 둔촌주공아파트를 팔고 그쪽으로 갔었거든. 그러다가 다시 또 여기 이 집이 팔려고 나왔다고 해서 둔촌동은 살던 동네라서 아무래도 애착이 있다 보니 이리로 다시 왔지.

여기서 어떻게 살았고, 어떤 기억이 있나요?

이 집에 이사 와서 수리한 지가 벌써 한 20년 됐어. 그 전에 413동에서 10년 살고 지금 여기서 한 20년 더 살았거든요. 이제 여기가 고향 같아. 여기가 차 소리도 전혀 안 들리고, 공기도 맑고, 복도에서 바로 숲을 마주하잖아. 참 동네가 안정돼서 생활 거주지로서는 참 살기가 좋았어. 그리고 전철이 있으니까 교통이 참 편리했고, 성당 교우들도 많고, 이웃 사람들도 다 괜찮았어. 나는 둔촌주공아파트에 살아서 많이 만족했지. 그냥 난 재건축 안 했으면 좋겠어. 이대로 계속 살 수만 있다면 얼마나 좋아?

어쨌든 나는 우리 딸네랑 이렇게 따로 또 같이 있으니까 너무 든든하고 안심이 돼. 이 집 자체보다는 가족이랑 붙어산 게 의미가 있지. 혼자서 나와서는 적적해서 못살아. 근데 이렇게 같이 사니까 얼마나 든든하고 좋은지 몰라요.

여기 이사 오기 전에는 입주 아주머니를 계속 썼거든요. 그 후로 며느리랑 같이 살 때 매일 시간제로 오는 분이 있어서 집안일을 별로 안 해도 괜찮았는데, 이렇게 따로 나오니까 아무래도 일을 많이 하게 되잖아요. 일주일에 두세 번씩 한 번에 4시간쯤 일하는 도우미 아줌마가 오기는 하니까 많이 힘든 건 아니지만 그래도 내가 이 양쪽 살림을 하고 있다 보니 책임이 나한테 많아. 일을 안 하다가 하려니 도우미 아줌마를 쓴다고 해도 육체적으로 좀 힘들지.

그래도 우리 사위, 딸이 정말 나한테 잘해요. 그런 애들이 없어. 수시로 얼마나 맘을 편하게 해주는데. 그리고 우리 손자들도 셋이 다 모범생이야. 변함없고 든든하고 각자 일을 참 잘해요. 애들 독립해서 나갈 때마다 참 너무 서운했지. 막내가 이 집 작은 방을 젤 오래 썼는데 그 애만 결혼해서 나갔어요. 짐은 거의 가져가고 이제 책만 남았는데 그냥 나갈 때 상태 그대로 비워뒀어요. 애들이 바쁘니까 자주는 못 오고 한 달에 두어 번 정도 꼭 오는데 항상 안 잊히고 늘 생각나지.

나는 집에 있을 때는 계획이 딱 다 있어. 아침 5시에 일어나면 기도를 한 30분에서 1시간 정도 하는데, 정형외과에서 배운 거를 그대로 활용해서 맨손체조를 한 1시간 가까이 걸려서 해요. 그리고 8시면 식사. 낮에는 미사, 친구 약속, 다 계획이 세워져 있어요. 한 시도 쉴 새가 없어. 친구들은 낮잠을 잔다는데 나는 그 낮잠 자는 게 너무 아까워. 한 20분씩 쉬라 했는데 그게 안 돼. 또 이거저거 생각나는 대로 애들 반찬 같은 거 좀 도와주느라 집에 있을 때도 항상 바빠. 근데 내가 오전에 적어도 한 시간 동안은 운동했는데 이젠 그 시간도 잘 안 나네. 나이가 드니까 자꾸 아파서 외과, 치과, 내과 다 다녀야 하잖아. 그것도 다 짜여있어. 다른 사람은 그 긴 시간을 어떻게 보내나 하는데 나는 그게 아니야. 시간이 별로 없어. 딸도 "엄마 심심하죠?" 그러는데 내가 심심할 때가 어디가 있나?

내가 집에서 놀지 않고 계속 취미 생활을 했거든요. 현대백화점 문화센터에서 고전무용을 한 15년 했는데 거기 선생님이 참 실력 있는 분이야. 근데 지금 어깨에 무리가 와서 좀 쉬라고 해서 2년째 쉬고 있어. 한창 계속할 때는 한 10년 동안 일주일에 세 번, 그 후로 한 5년 동안은 두 번, 한 번 그렇게 했었는데 나이도 들잖아. 근데 마음은 젊어서 계속하고 싶은데 몸이 말을 안 들어.

성당에서 레지오 활동도 해서 한 달에 한 번씩 돌아가면서 레지오 단원들이랑 집에서 회합을 많이 했거든요. 요새는 못 나가고 있어. 한 15년 전에 활동할 때가 참 재미있고 보람 있었어요. 지금은 그때 그 단원들이 이 동네에 하나도 없거든. 분당으로 이사하고, 많이들 세상도 뜨고, 지금은 나 한 사람밖에 없다니까. 이제는 다 10살씩 아래로 젊은 사람들이지. 70세에서 75세 정도. 지금은 성당 안에 있는 시니어 아카데미만 가고 있는데 그것도 참 잘해나가서 재미있어요.

우리 집에 보면 이런 소파 같은 것도 정말 오래된 거라 다들 이거 좀 이제 바꾸라고 그러는데 이사를 하게 되면 옛날 건 새집에 안 맞으니까 어차피 다 버리게 되잖아. 그래서 이사 가고 나서 바꾸자고 반대하고 일단 임시로 계속 쓰고 있어요. 어항은 휘경동 살 때부터 키우기 시작했던 건데 처음엔 4자짜리 큰 거였어. 지금은 3자짜린데 그러고 보니 이것도 20년 된 거네. 다섯 마리가 정말 잘 크고 예뻤는데, 여기는 녹물이 나와서 고기들이 몇 마리 죽어버렸어. 너무 맘이 안 좋아.

집에 보면 가족사진이랑 추억이 담긴 것들이 많이 있어요. 옛날엔 카메라도 없어서 사진도 잘 안 찍을 땐데 남편이 미국에 유학 가 계셔서 우리는 계속 사진을 찍어서 보내야 했거든요. 그 덕에 애들 어렸을 때 사진이 많이 남았지. 우리 집에는 그래도 아사이 팬탁스 같은 카메라가 있어서 이렇게 찍을 수 있었어.

"이 집 자체보다는 가족이랑 붙어산 게 의미가 있지.
혼자서 나와서는 적적해서 못살아.
ㄱ데 이렇게 같이 사니까 얼마나 든든하고 좋은지 몰라요."

이곳이 재건축으로 사라지는 것을 어떻게 생각하시나요?

예전 같으면 집안 장식도 하고 이것저것 하는데 지금은 이사 간다고 그러니까 그럴 기분이 안 나네. 이주가 아직 결정 난 건 아니지만 그래도 1~2년은 정말 금방이에요. 사람 기분이 그래. 오래 거주한다는 그런 마음이 들어가면 아무래도 소소히 장식도 바꾸고 그러는데 지금은 해봐야 소용이 없어지잖아. 작년 가을부터 동네에 엄청 말이 많았어요. 그래서 그 뒤로는 집 안에 성의가 안 들어가. 이제 이사하려면 어차피 정리해야 하잖아. 그래서 화분도 많이 치워버렸어. 원래는 베란다 하나 가득이었거든. 다 없애버리고 지금은 거의 안 키우잖아.

앞으로는 어디서 어떻게 살고 싶은가요?

여길 떠나서 다른 데로 가면 여러모로 이웃을 사귀기 쉽지 않아서 그게 좀 아쉬울 것 같네. 젊은 사람들은 바로바로 사귀는데 나이 많은 사람들은 환경이 바뀌면 그게 좀 어려울 것 같아. 그리고 여길 떠나게 되면 교통이 젤 불편할 거 같아. 이사를 해도 여기 근방에 있어야 해. 다른 데는 못 가. 여기가 얼마나 살기가 좋은데. 사귀어 놓은 이웃들도 많고, 성당 교우들도 많고, 사람들끼리 얼마나 단합이 잘 되어 있는데. 우리 딸도 맘이 안 좋다고 그러죠? 재건축 안 됐으면 좋겠다고…. 나도 첨엔 그랬다니까. 근데 이제 할 수 없으니까….

"지금은 해봐야 소용이 없어지잖아.
작년 가을부터 동네에 엄청 말이 많았어요.
그래서 그 뒤로는 집 안에 성의가 안 들어가."

나를 풍요롭게 하는
이야기가 많은 집

320동

한경숙 1954년생

둔촌주공아파트 27년 거주 (1985~1987 / 1991~2016 현재)

부부와 아들, 딸의 4인 가정으로 살다가
아들은 결혼하여 분가하고, 부부와 딸만 한집에서 살아감

둔촌주공아파트에는 어떻게 오게 되었나요?

저희는 옛날에 우리 큰애가 한 4살 때쯤, 시누이가 여기 살았는데 너무 좋다고 그래서 들어왔었어요. 잠시 애 아버지 사업상 제천으로 내려갈 일이 생겨서 거기에 갔다가 다시 애를 학교에 보내야 해서 서울로 올라왔는데, 그땐 옥수동 극동아파트에 한동안 살았어요. 그러다 4학년쯤 됐을 때 이제 중학교에 가야 하니까 남자애 학군 때문에 다시 여기로 왔어요. 여기 와서 둘째가 태어났어요. 저희 딸 고향이 114동이에요. 우리가 사놓은 집은 다른 데 있는데 여기가 너무 좋아서 떠나지를 못하고 여기서 계속 전세로 살고 있어요. 그래서 307동, 314동 살다가 이제는 여기로 왔어요.

여기서 어떻게 살았고, 어떤 기억이 있나요?

둔촌주공아파트는 처음 왔을 때부터 참 좋았어요. 여기는 옥수동에 비해서 평지고, 자연이 너무 좋아서 못 떠나는 것 같아요. 제가 아주 어릴 적에 전남 영암이라는 산골짜기에 있는 외할머니댁에서 살았는데, 가을이면 집 뒤에 숲에서 새벽에 감이 떨어지는 소리가 들렸어요. 그 소리를 듣고 가서 감을 주워 먹었던 기억이 있는데, 그게 제가 여태까지 살면서 제일 아름다운 추억인 것 같아요. 저는 지금도 정말 자연인을 꿈꾸는 사람이어서 언젠가는 산속에 들어가서 살 거라는 꿈을 갖고 있거든요. 나중에 어디 산속에 허름한 집을 하나 구해서 집도 내가 직접 손 보고, '타샤의 정원'에 나오는 그 할머니처럼 꽃도 많이 가꾸면서 늙고 싶어요. 제가 그런 사람이다 보니까 둔촌주공아파트는 아파트치고는 정말 살기 좋았던 것 같아요. 자연이 정말 좋아서 여태 못 떠나고 계속 여기 머물러서 살고 있는 거죠. 여기도 맨 처음에는 인공적으로 조성한 거였겠지만 오래되다 보니 자연스럽게 울창해져서 진짜 숲이 되었어요. 옛날에 친구랑 밤에 단지 전체를 산책한 적이 있는데 굳이 올림픽공원이나 일자산을 갈 필요가 없을 정도로 정말 아름답고 좋았어요. 그리고 며칠 전에는 저희 어머님이 오셔서 산책 삼아 2단지 쪽으로 걸어가 봤는데 정말 어마어마한 메타세쿼이아 길이 있는 거예요. 그렇게 아름다운 길이 있는지 몰랐어요. 왜 이제서야 여기를 알았을까 너무 안타깝더라고요. 굳이 장성의 메타세콰이아 길을 안 가도 가까운 곳에 이렇게 아름다운 길이 있어서 산책하면서도 자연을 즐길 수 있고 너무 좋죠.

처음에는 114동에 잠깐 살았는데 거기서 만났던 사람들은 지금까지도 만나고 있어요. 그때는 5층에 살았었는데 제가 임신을 해서 엘리베이터 없이 5층을 오르내리기 너무 힘드니까 빨리 이사를 해야겠다 싶었어요. 한 아저씨가 집을 보러 오셨는데 고덕으로 가실까 둔촌으로 오실까 고민을 하시길래, 제 딴에는 저도 빨리 이사를 해야겠으니까, 이 동네가 좋다고 엄청 꼬신 거죠. 그래서 그분이 제 말을 듣고 진짜 여기로 이사를 오셨어요. 그때부터 그 집 부부하고는 지금까지 서로 경조사 때도 다 오가고 정말 형제자매처럼 지내요. 그 집은 거기서 살다가 323동 살다가 올림픽아파트로 갔다가 지금 다시 1단지로 이사를 와서 가까워졌어요. 그 집 딸은 우리 바로 뒷동에 살고 있어서 자주 만나요. 아무래도 그 114동 집이 정말 복덩이인 게, 나는 그 집에서 우리 늦둥이 딸내미를 낳고, 이렇게 좋은 친구도 만났고, 그 집도 또 잘 돼서 계속 살림을 늘려나갔어요. 그 집은 진짜 복이 있는 집이었던 거 같아요.

그때 1층에 딸 하나 키우던 엄마가 있었는데 하루는 저 행운목을 갖다 버리길래 제가 주워와서 키웠어요. 정말 가느다랗고 조그만 나무였는데 너무 잘 자라서 벌써 몇 번을 잘라줬어요. 행운목이 꽃을 자주 안 피우는데 저희는 꽃을 세 번이나 피웠어요. 20년 동안 세 번이면 많이 핀 거예요. 하루는 307동 살 때였는데 우리가 여름 휴가 갔다 와서 거실에 누워있는데 어디서 향기로운 냄새가 나는 거예요. 보니까 우리가 휴가 간 사이에 행운목 꽃이 폈더라고요. 꽃향기가 백합꽃 비슷하게 진하고 너무 좋았어요. 저 나무를 갖고 왔을 때 이 나무는 우리 딸하고 같이 크겠구나 생각을 했었거든요. 근데 신기한 건 우리 딸을 생각하면서 키우는 건 죽지 않고 계속해서 잘 되더라고요.

제가 꽃나무를 좋아해서 복도에도 화분이 엄청 많아요. 도라지꽃도 너무 좋아해서 언니한테 얻어왔고, 이거는 남천이라는 건데 제가 어릴 적에 고향에서 봤던 거라 지금도 보면 가슴이 두근거리는 꽃이에요. 그리고 재스민 꽃은 처음엔 진보라, 점점 연해지면서 하얗게 변하면서 지는데 향기가 정말 좋아요. 나팔꽃은 아침에 꽃이 폈다가 저녁 되면 지니까 아침에 눈을 뜨면 우리 나팔꽃이 피었나 안 피었나 막 궁금해서 나와보고 그래요. 그리고 한쪽에는 우리 딸이 좋아하는 케일이랑 루꼴라, 고추, 방울토마토, 파도 심어놨어요. 제가 나중에 농사짓고 살려고 지금 단단히 예행연습을 하고 있죠.

전에 정독도서관에서 수업을 듣느라 자주 갔는데 풍문여고 옆 골목길에 가면 꽃들이 종류별로 많아서 보는 재미가 많더라고요. 식물 하나가 사람들의 마음을 무척 즐겁게 해줄 수도 있더라고요. 근데 아파트 복도에서 식물을 키우는 건 어떻게 보면 남한테 피해를 주는 걸 수도 있겠더라고요. 바람이 불면 이파리가 복도 끝으로 날아가는데, 끝 집 아저씨가 좀 깔끔한 분이셔서 그 집 아주머니한테 뭐라고 한마디 하셨나 보더라고요. 그 얘기를 듣고 너무 죄송했는데 그래도 그 뒤로도 지나가시면서 꽃을 너무 예쁘게 잘 키운다고 얘기도 해주고 되게 상냥하게 잘해주셔서 그나마 다행이에요. 저는 복도에다가 이렇게 내놓고 키울 수 있는 게 너무 좋아서 이제 복도 없는 집은 못 가겠더라고요. 여기서 키운 것도 따서 먹고, 해질 때는 노을도 넣 놓고 바라볼 수 있어서 이 집이 너무 좋고, 이 집에서 오래 살기를 바라죠.

" 제가 자연인을 꿈꾸는 사람이다 보니까
  여기는 아파트치고는 정말 살기 좋았던 것 같아요.
  자연이 정말 좋아서 여태 못 떠나고
  계속 여기 머물러서 살고 있는 거죠. "

저는 비싸고 좋은 집보다는 좀 허름해도 이렇게 손수 공들인 집을 더 소중하게 생각해요. 저희는 도배도 저랑 딸이랑 둘이 같이했어요. 맨 처음에는 엄두도 안 났었는데 막상 해보니까 되더라고요. 그래서 도배도 직접 하고, 간장도 담그고, 된장도 담그고, 목공도 배우고, 해보고 싶은 건 다 도전해보고 있어요. 제가 예전부터 취미가 좀 많았거든요. 뜨개질, 바느질을 좋아해서 지금도 스웨터를 떠입기도 하고, 손녀딸 옷도 만들어주고 그래요. 그리고 책도 보고, 음악도 듣고 그러다 보면 하루가 너무 빨리 가버려요. 사실 더 깨끗하게 살고 싶기는 한데 이게 다 내 취미고 내 놀잇감이니까 잘 안 버려지더라고요. 너무 깨끗하고 삭막한 집보다는 뭔가 조금은 복잡해도 내 삶에 도움이 되고 즐길 수 있는 것들이 가득한 게 더 좋죠. 그래야 이렇게 날마다 꺼내서 뭐든 할 수가 있잖아요.

애 아빠도 취미가 참 많아요. 음악이랑 와인 좋아하고, 다도도 즐기고, 사람들이랑 얘기하는 것도 좋아해요. 근데 우리 집은 이제 너무 좁으니까 남편이 좋아하는 것들은 다 사무실로 보냈어요. 애 아빠는 진공관 오디오를 만드는데, 음악으로 사람들 마음을 움직이고 싶어 하거든요. 그 진공관 오디오로 음악을 들으면서 와인도 마시고 사람들이랑 어울리는 거죠. 사실 진공관 오디오를 화폐로 얘기하면 낭비 같고 그렇잖아요. 근데 사실 그걸 만든 사람의 혼을 생각하거나 그걸 들으면서 행복해지는 걸 생각하면 그 가치를 그저 화폐로 판단할 수는 없는 거 같더라고요. 저도 뜨개질을 해보니까 내가 이걸 입는다, 누구한테 선물한다 하면 만드는 게 즐겁고 행복하지만, 이걸 그냥 팔아서 돈을 벌려고 하는 거라 하면 힘들어서 도저히 못 할 거 같아요. 그렇게 물건에는 만드는 사람의 혼이 다 담기는 거죠.

그래서 저는 물건을 한번 사면 정말 오래 써요. 우리 집에 있는 건 정말 다 오래됐어요. 우리 아들이 태어나기 1년 전에 샀던 선풍기도 한 35년 넘게 쓰고 작년에 고장이 나서 버렸고, 칼이며, 밥솥이며, 냄비며 다 30년이 넘었어요. 저 커튼도 30년이 넘어서 "아니 세상에 왜 이 커튼은 떨어지지도 않는 거야."라고 얘기하곤 해요. 떨어지지 않으니 버릴 수도 없고 그나마 색상이 무난하고 괜찮아서 오래돼도 낡은 느낌이 안 나서 다행이에요. 얼마 전엔 커튼을 바꿀까 얘기했더니 오히려 우리 딸이 더 반대하더라고요. 그리고 어제 딸이 옛날 사진첩을 보면서 "엄마 우리는 옛날 물건이 다 그대로 있네!"라고 그러는데 저는 그게 너무

자랑스럽고 좋아요. 더러워지면 깨끗이 닦고 칠하면서 관리 잘하고, 간수 잘하며 잘 쓴 거니까. 한번 쓰고 버리는 거보다 이렇게 계속해서 간직하면 스토리가 있잖아요. 그래서 저는 뭐 하나를 사도 그냥 평생 쓸 생각으로 좋은 거를 사서 오래 써요. 그럼 쓰레기도 나오지 않고 좋잖아요. 그리고 나중에 제가 가구를 만들면 정말 오래 갈 수 있는 좋은 나무로 만들 거예요. 나중에 애들한테도 물려줄 수도 있으니까요. 제가 부모님께 물려받은 게 없다 보니까 오히려 아주 작은 거라도 이야기가 있는 거를 더 물려주고 싶은 것 같아요. 제가 물려준 걸 보면 제가 어떤 사람이었는지, 저와 어떤 추억이 있었는지 다 생각해줄 거 아니에요. 물론 그건 제 생각이긴 하지만.

저는 어디 여행을 가면 돌을 가져오는데, 이런 돌 하나하나도 보면 그때 생각이 나요. 파도치는 데서 놀다가 우리 시누가 저 이런 거 좋아한다고 줘서 가져왔거든요. 스페인 바르셀로나에서도 가져왔고, 우도에서도 가져온 것도 있고, 얼마 전에 다녀온 영덕 바닷가에서도 가져온 것도 있어요. 이게 물을 먹으면 훨씬 예뻐서 안 가져올 수가 없잖아요. 그렇게 우리 집에 있는 건 하나하나 이야기가 많은 거 같아요. 애들 아빠도 옛날에 사진을 좋아해서 예전에 집이 좀 컸을 때는 장식장에 카메라를 다 전시해놨었어요. 근데 지금은 어디다 전시할 데가 없어서 일단은 상자에 넣어서 창고에 다 숨겨놨어요. 나중에 넓은 집에 살면 제가 좋아하는 것들 다 전시해놓고, 사람들 놀러 오라고 해서 같이 차도 마시고 얘기도 나누며 사는 게 제 꿈이에요.

" 조금은 복잡해도 내 삶에 도움이 되고
  즐길 수 있는 것들이 가득한 게 더 좋죠.
  그래야 이렇게 날마다 꺼내서 뭐든 할 수가 있잖아요. "

제가 50살이 됐을 때 갱년기 우울증 때문에 고생했어요. 내 이성으로는 어떻게 할 수 없는 그런 시기가 오더라고요. 근데 사람들은 내가 평소에 너무 쾌활하니까 힘들다는 거를 상상을 못 했어요. 조울증이었거든요. 사람들하고 만나서 얘기하고 그러면 너무 좋은데 집에 혼자 있으면 너무 불안하고 힘들었어요. 그래서 밤에 잠이 안 올 때는 책으로 달래고, 낮에는 계속 뭘 만들면서 극복하려고 정말 많이 노력했어요. 하루는 정말 뭐라도 해야겠다 싶어서, 식탁이 원래 어두운 색이었는데 그게 싫어서 이걸 직접 다 벗겼어요. 그런 식으로 계속 뭔가 했어요. 등산도 한 10년 정말 열심히 다녔는데, 별로 실력도 없으면서 전문 산악회를 가서 너무 뛰어다녀서 연골이 상해서 지금은 산을 못 다녀요. 그래도 저는 그때 정말 즐거웠으니까 하나도 후회를 안 해요. 그 아름다운 풍경을 보면서 이런 취미를 가진 나 자신한테 너무 고마웠거든요. 옛날에는 '나는 못해, 내가 그걸 왜 해.' 그러면서 살았는데 도전하고, 호기심을 갖고 대하다 보면 삶이 풍족해지더라고요. 이 세상에 나왔는데 더 많은 걸 경험하고 가야죠. 얼마나 보람찬 일이에요.

그리고 예전에 역삼동에 '아름다운 가게'에 갔을 때 거기서 라즈니쉬의 '나를 찾으려 애쓰지 마라'라는 책을 사서 보게 됐는데 정말 세상에 이렇게 좋은 책이 없는 거예요. 그래서 그때부터 제가 라즈니쉬에 빠져서 헌책방에서 그분 책이 있기만 하면 다 샀어요. 서울에는 거의 없어서 대전 갔을 때 헌책방에 일부러 찾아가서 사고 그랬어요. 70년대에 굉장히 많이 읽혔던 책을 쓴 사람인데 그 사람을 통해서 제가 장자를 만나게 된 거예요. '장자 도를 말하다'가 제가 제일 좋아하는 책이거든요. 그 덕분에 다시 좀 긍정적으로 변할 수가 있었어요. 정말 제 삶에 큰 전환기를 준 작가여서 한 권 한 권 다 소중해서 비닐로 싸 놓고 정말 많이 봤어요. 조울증으로 너무 힘들 때는 루 살로메의 '선택된 자들의 소망'이란 책에서 나온 문구 같은 거를 일기에 옮겨 적고 그랬어요. 그 일기장은 나중에 우리 딸이 갱년기가 되거나 힘들 때 읽어보라고 물려주고 싶어요. 그래도 저녁에 노을 질 때, 6시부터 8시까지 FM93.9MHz에서 배미향 씨가 진행하는 프로그램이 있는데 그걸 들으면서 방에서 바느질하고 있으면 행복했어요. 그래도 좋아하는 게 많다는 건 행복한 거더라고요. 힘든 건 한가지인데 좋아하는 일이 많다 보면 힘든 게 서서히 없어져 버리더라고요.

214

이 집은 당신에게 어떤 의미인가요?

이곳이 재건축으로 사라지는 것을 어떻게 생각하시나요?

그동안 집 때문에 안 좋았던 것은 딱히 없던 거 같아요. 사는 곳이 싫었으면 아마 벌써 떠났지, 이렇게 오래 살진 않았을 거예요. 예전에 이 동네 집값이 갑자기 엄청 올랐을 때 혼자 많이 기도했어요. '저는 이 집이 너무 소중한데, 계속 이 집에 살게 해주세요'라고. 다행히 지금까지 살게 해주시더라고요. 그러고 보면 제 인생에서 여기서 산 게 한곳에서 제일 오래 산 거예요. 제 고향보다도 훨씬 오래 살았죠. 우리 딸 아이의 고향이기도 하고. 이 집에서 계속해서 오래 살기를 원하고, 재개발이 안 됐으면 좋겠지만 그래도 언제까지나 머물러 있을 수는 없잖아요. 이게 사라지는 게 참 섭섭하긴 하지만 보낼 건 보내고, 받아들일 건 받아들여야겠죠. 어쩔 수 없어요. 우리도 그걸 인정해야겠죠. 삶은 우리가 계획한 대로 되는 건 아니잖아요. 그냥 가다가 만나면 거기서 최선을 다해서 살면 되는 거 같아요.

앞으로는 어디서 어떻게 살고 싶은가요?

이곳을 떠나면 어디로 가서 살지에 대해서는 꿈은 갖고 있어요. 아까 얘기했듯이 저는 정말 자연인으로 살고 싶거든요. 그렇지만 막내가 아직 저를 놔주지를 않아서 아직은 아닌 거 같아요. 얘가 독립하면 빨리 산으로 가고 싶어요. 텔레비전 같은 데서 자연 속에서 살아가는 삶이 나오면 내가 지금 너무 시간 낭비를 하고 있는 거 같아요. 빨리 가서 그 벚꽃 피는 길도 보고, 낙엽 지는 숲에 누워서 하늘도 쳐다보고. 산속에서 들리는 바람 소리, 바라보는 하늘, 그런 것들을 좀 더 즐겨야 하는데! 짧지 않은 생인데 빨리 가서 자연을 만끽하고 싶어요. 음악도 실컷 크게 틀어보고 싶고, 밤새도록 책도 보고 싶고…. 그리고 제가 제일 꿈꾸는 건 밤새도록 산길을 한번 걸어보는 거예요. 근데 그건 이제 다리가 안 좋아져서 힘들겠죠? 그러니까 젊은 사람들은 할 수 있을 때 뭐든지 도전하세요. 뭐든지.

감사하는 마음과
기념하는 마음

236동

정혜숙 1956년생 / 윤원준 1981년생 /

둔촌주공아파트 21년 거주 (1995~2016 현재)

부부와 아들의 3인 가정으로 살다가
아들은 결혼하여 분가 후, 현재는 부부만 한집에서 살아감

어머니 정혜숙

둔촌주공아파트에는 어떻게 오게 되었나요?

저희는 처음엔 사당동에 살다가 애 아빠 직장이 둔촌동 쪽으로 되면서 성내동으로 이사를 와서 방 하나짜리에서 살았어요. 그러다가 성내중학교 뒤쪽에 한주주택이라는 연립을 처음으로 사서 애가 중학교 1학년까지 거기서 다녔어요. 근데 둔촌주공아파트에 들어와야 동북 고등학교를 배정받아 갈 수 있다고 해서 여기로 이사를 왔어요. 그때는 우리가 아파트를 산다고는 생각도 못 했어요. 그냥 우리 살던 집을 세주고, 둔촌동 여기도 세를 들어와서 살면 어떨까 생각했어요. 그러면 애 학교도 좋은 데로 갈 수 있고, 성당도 가까워지니까 좋을 것 같았어요. 그래서 맨날 둔촌 성당에 왔다 갔다 하면서 '하느님 이쪽에 저희 집을 주시면 매일 미사 드리겠다'고 기도를 했었어요. 집이 정말 잘 나오지 않던 때였는데 146동 5층 집에 살던 분이 마침 외국으로 나간다고 해서 우리가 거기로 세를 들어와서 살게 됐어요.

여기서 어떻게 살았고, 어떤 기억이 있나요?

그 집에 이사 오기 전 우리가 저기 성내동에 살 때 한번 큰 수해가 나서 집에 물이 다 찼었어요. 그때는 애 아빠가 봉제 공장을 할 때여서 직원들이 와서 문짝까지 다 뜯어내서 옥상에 올려주고 그랬어요. 근데 여기 146동 5층에 이사를 왔는데 천장에서 뭐가 새서 또 물난리가 난 거예요. 그래서 '아, 우리는 어디로 가나 물을 받나 보다.' 했었어요. 그리고 아들이 고1이던 1997년에 이 집을 샀어요. 우리가 집을 딱 사고 나서 갑자기 IMF가 터져서 집값이 많이 내려갔어요. 우리 아는 분은 3단지를 되게 싸게 샀다더라고요. 그래도 어차피 우리가 여기서 살려고 산 거니까 뭐…. 지금도 오르고 어쩌고 해도 우리가 무슨 여유가 돼서 투자 목적으로 사고파는 게 아니니까 큰 상관은 없는 것 같아요.

그냥 이제 와서 문득 되돌아 생각해보니, 이 집에서 사는 동안에 이렇게 많은 세월이 지나가는지 몰랐어요. 그동안 지금까지 행복하게 산 것 같아요. 여기 들어와서, 바랬던 것처럼 애 학교도 잘 배정 받아 다니고, 안 좋고 일도 없이 편안하게 산 것 같아요. 남편하고도 항상 얘기하지만, 우리가 그래도 이런 집을 '내 집'으로 마련해서 이렇게 살 수 있는 게 얼마나 감사한지 몰라요. 딸랑 작은 방 하나에 살 때는 가전제품을 비닐로 막아놓고 샤워하던 시절도 있었는데 이제는 이렇게 공간이 딱딱 정해진 곳에서 살 수 있다는 거가 얼마나 감사해요.

　애 아빠가 벌어다 주는 돈을 열심히 차곡차곡 모아서 이 집을 겨우 사게 됐는데, 보니까 집이 너무 낡았고, 바닥 재질도 여러 가지여서 완전히 수리해야 하는 상황이었어요. 그래서 인테리어 집에서 수리했다는 집을 많이 다니면서 바닥 재질이랑 싱크대를 어떻게 했는지 많이 살펴봤어요. 보통 다용도실 창턱에 하얀 시멘트를 그냥 발라주시는데 우리 집은 거기도 타일을 다 잘라서 붙여 달라고 그랬어요. 싱크대 가운데 꺾이는 부분도 그렇게 만들어 달라고 따로 요청했었고, 다용도실은 원래 바닥이 좀 꺼져있는데 수평을 맞춰서 바닥을 고치고, 큰 냉장고가 집 안에 있으면 답답하니까 바깥쪽에 놓았어요. 그리고 창에 커튼을 치는 건 좀 싫어서 선텐지 같은 걸 직접 사다 깨끗하게 붙이고, 걸레받이까지도 굉장히 세밀하게 하나하나 다 챙겼어요. 마치 내가 이 집을 짓는 것 같이…. 그렇게 이 집을 하나씩 만들어 가던 게 정말 좋았고 그때 참 많이 행복했던 것 같아요.

　우리가 집을 사고 이렇게 싹 고쳐서 들어올 때, 예전에 같이 레지오 활동하던 성내동 엄마들도 정말 부러워하고, 우리 동서들도 되게 부러워했죠. 근데 세월이 지나니까 자기네들이 더 좋은 30평대가 넘는 아파트에서 살거든요. 특히 요즘 나오는 집은 구조가 다 잘되어 있잖아요. 그런 집에 가서 사는 거 보면 좀 부럽다는 생각이 들기도 해요. 이제는 내가 제일 작은 데에서 이러고 있지만, 그래도 참 감사한 게 많아요. 여기는 이렇게 나무들이 있고, 단지 안에 딱 들어오면 벌써 공기가 다르거든요. 나무들이 많아서 공기를 맑게 해주는 그런 느낌이 확실히 들어요. 나가면 그냥 시멘트벽만 바라보고 사는데, 우리는 앞뒤로 나무가 있고, 시끄럽지도 않고, 지하철 같은 걸 이용하기도 편하고, 자전거 타고 가게에 왔다 갔다 하기도 좋고, 참 매일 감사하다고 생각해요. 더운 날에 집에 들어오면 이렇게 시원하고 조용해서 특별한 건 없어도 이 집에 오면 항상 편안해요. 요즘 첨단 시설로 지어지는 아파트들이 참 좋기는 하겠지만, 아직 나 같은 서민들한테는 그냥 이렇게 편안하고 나무도 많은 아파트가 좋은 거 같아요. 여기가 서울이면서 지방 나가는 고속도로 진입도 쉽고, 주위 환경도 좋아서 저한테는 여기만 한 곳이 없는 것 같아요.

저희가 집을 샀다고 하니까 전에 제가 모시고 있었던 권영우 화백이라는 유명한 동양화가 선생님이 계시는데, 그분이 그림을 선물로 주셨어요. 방에 있는 십자가상도 그렇고, 작은 기념품들은 그 화가 할아버지, 할머니 부부가 세계 일주를 하시면서 하나씩 사다 주신 것들이 참 많아요. 정말 저희를 늘 아껴주셨는데 2013년에 할아버지가 돌아가시고 40일 만에 할머니가 돌아가셨어요. 그때 제가 다른 집안일로 동서에게 전화했는데, 동서가 꿈에서 저한테 전화했는데 친한 친구가 받고서는 '너희 형님 지금 할머니가 돌아가시려고 그래서 성당에 가셨어'라고 그러더라는 거예요. 그 소리를 듣고 '아, 이게 뭐가 있구나, 오늘을 지나면 안 되겠구나.' 해서 아들하고 할머니를 뵈러 요양 병원에 갔더니 임종 방에 모셔놨더라고요. 그래서 가서 다 씻겨드리고, 아직 들으실 수는 있다고 해서 감사하다고, 아무 걱정하지 마시고 편안하게 가시라고 계속 말씀드렸어요. 아쉽게도 끝까지 지켜드리지는 못하고 돌아왔는데, 이튿날 전화가 와서 내가 갔다 오고 바로 돌아가셨다더라고요. 정말 참 희한한 게 나보고 가서 마지막으로 뵈라고 동서 꿈에 나왔던 거 같아요. 그래서 이런 것들을 보면 할머니, 할아버지가 참 많이 생각나고 그래요.

　　거실에 있는 작은 그림은 권영우 할아버지랑 같은 연배이신 문학진 토마스라는 분이 회화동 성당에 그려놓으신 거를 작게 만들어 놓은 거고요. 그리고 거실 벽에 걸린 예수님상 화첩은 신부님 어머님이 주셨는데 여기에 사이즈가 딱 맞아서 붙여 놓았어요. 오셔서 보시고는 "세실리아, 여기 예수님이 딱 계셔서 이 집에는 다른 게 근접을 못 하겠다."라며 기뻐하셨어요. 성당 자매님이 저희 이사 했다고 써주신 액자도 있고요. 이렇게 어른들이 하나씩 선물을 주시는 것마다 참 소중하고, 그 마음이 감사하고 귀해서 이렇게 늘 곁에 두고 잘 간직하고 있어요. 그리고 계속 좁은 집에 살다가 이렇게 그림이라도 붙일 수 있는 공간에 이사를 오니까 참 좋았어요. 이런 것들이 저한테는 소중한 것들이에요.

"어른들이 하나씩 선물을 주시는 것마다 참 소중하고,
그 마음이 참 감사하고 귀해서
이렇게 늘 곁에 두고 잘 간직하고 있어요. "

그런데 난방 시스템이나 녹물 같은 문제 때문에 조금 불편해지긴 했어요. 그것만 아니라면 도시에서 뻐꾹새 울고 그런 게 참 좋아서 그냥 이대로 계속 살아도 좋을 것 같은데, 다른 건 우리가 고쳐 쓸 수 있지만 물 같은 거는 어쩔 수가 없으니까 참 안타깝죠. 그리고 집 천장을 보면 군데군데 뭘 많이 붙여놨어요. 우리는 물이 떨어지길래 또 수도가 새는 줄 알고 뚫어서 봤는데, 그게 아니고 여름에 온수를 안 쓰고 잠가놓으면 거기에 습기 같은 게 매달렸다가 떨어지면서 젖는 거라고 하더라고요. 이 집에 살면서 정말 몇 군데를 뚫었어요. 늘 조마조마하죠. 그래도 여기 거실은 개별난방으로 해서 보일러를 틀고 사는데, 작은 방은 파이프가 혹시나 부식되어서 잘못될까 봐 겁이 나서 관리비를 내면서도 아예 틀지 않고 살아요. 뭐가 잘못되면 공사가 커지잖아요. 어차피 어린 꼬마들도 없으니까 그냥 안 틀고 사는 거죠.

이곳이 재건축으로 사라지는 것을 어떻게 생각하시나요?
앞으로는 어디서 어떻게 살고 싶은가요?

기본적인 수도 시설에 문제가 있으니까 이제 어쩔 수가 없는데, 그렇다고 막 빨리 재건축하면 좋겠다는 느낌은 별로 없는 것 같아요. 재건축하고 나서 새 아파트에 또 적응해서 살면 좋을 수도 있겠지만 저는 아직 별 느낌이 없어요. 여유롭고 현대적인 것에 적응이 많이 안 돼서 그런지 그냥 내 수준에는 이런 삶이 참 좋다 싶은데…. 그래도 상황이 그렇게 바뀐다고 하면 받아들이고 살기는 하겠지만, 조감도 같은 걸 보면 과연 저런 데에 들어가서 살 수 있을까 싶은 그런 두려운 생각도 들더라고요. 저기는 굉장히 여유가 있는 사람들이 사는 곳 같고, 좀 삭막한 느낌도 드는 것 같아요.

시골에 새것만 생기면서 옛것을 다 그냥 없애버리는 것처럼 이런 게 자꾸 없어진다는 게 좀 섭섭한 것 같아요. 이만한 데가 없을 거 같은데…. 가을에는 은행잎이 너무 노랗고 예쁜데, 이 나무들이 다 없어진다는 건 참 아쉬울 것 같아요. 나무들을 잘 살리면서 아파트를 지으면 참 좋지 않을까 하는 생각을 해요. 새 아파트가 되면 참 좋겠다는 생각도 있는가 하면 그래도 큰 어려움만 없다면 그냥 이런 데서 편안하게 사는 것도 괜찮을 것 같아요. 사람 욕심은 끝이 없다는데, 나는 그렇게 욕심을 내고 살고 싶지는 않으니까요.

아들 윤원준

둔촌주공아파트에는 어떻게 오게 되었나요?

　저는 성내중학교 바로 뒤에 살다가 중2 때 여기로 오게 됐는데, 집 문 닫고 딱 나와서 교실까지 3분이면 도착했는데 20분이 넘어가는 거리가 되니까 초반에는 좀 힘들었어요. 그러다가 고등학교가 결정되고 나니까 찻길 한번 안 건너고 갈 수 있어서 좀 나아지더라고요. 처음엔 이사해야 한다고 해서서 그냥 따라 왔는데, 이 집에 온 뒤로는 이사를 안 하게 되니까 좀 더 안정적이었던 것 같아요. 그렇지만 어린 시절은 성내동이 전부였던 애이다 보니까 유년기와 약간 단절됐다는 느낌이 좀 있었어요. 뭔가 크게 바뀌고 적응이 안 되는 느낌. 지금까지 제가 태어나며 살았던 모든 집이 다 없어졌거든요. 가면 그 자리에 다른 빌라가 들어와 있고, 아니면 빌라도 없어지고 다른 건물이 올라가 있고 그랬어요. 그땐 사진도 다 필름으로 찍고 그래서 남아있는 사진도 거의 없어서 이제는 그때가 잘 기억이 안 나요. 근데 이제는 여기도 없어진다고 하니까 여기까지 아무것도 안 남기고 없어지면 안 되겠다 싶었어요. 따지고 보니 내년이면 여기서 산 지 20년째 되니까 지금까지 제가 살면서 제일 오래 산 집이더라고요.

여기서 어떻게 살았고, 어떤 기억을 갖고 있나요?

　사실 인테리어 공사를 하면서 어머니께서 그렇게 알아보러 다니시고 하나하나 신경을 많이 쓰셨다는 거를 저는 오늘까지도 몰랐어요. 어머니 말씀을 듣고 보니 20년이 지났는데도 문짝 하나 틀어짐이 없고, 들어올 때 해왔던 장도 20년 동안 버티고 있는 걸 보면 그때 정말 신경을 많이 쓰시고 노력을 많이 하신 거 같아요. 제가 고1 때 이 집으로 왔는데, 아무래도 고등학생이 되면 애들이 어른들하고 담을 치기 시작하잖아요. 그래서 그렇게 신경을 많이 쓰셨다는데 사실 전 이 집에서는 대부분 시간을 제 방에서만 있었던 것 같아요. 밖에서 식사하거나 TV를 볼 때 말고는 사실 가족 간에 많은 이야기를 나누고 그랬던 건 없는 것 같아요. 그래도 뭔가 진지한 이야기를 해야 할 때는 거실에서 했던 기억들이 있죠.

　이 집에서 제가 젤 좋아하는 곳은 침실인데 해가 일찍 져서 정말 시원하고, 창문을 열면 나무가 그대로 보여서, 창문을 바라보고 누워서 새소리를 들으며 노래도 살짝 틀어놓는 걸 정말 좋아했거든요. 여기서 턱 괴고 바라보고만 있어도 안정됐던 것 같아요. 노래도 휴대폰으로 그냥 들으면 되니까 여기는 일부러 아무

전자기기도 꽂아놓지 않아요. 이 침대도 성내동에서부터 계속 따라왔으니 20년은 넘은 것 같은데 매트리스도 한번 안 갈고 그냥 그대로 쓰고 있는데도 편안해요. 정말 오래된 거지만 좋은 안목을 가진 부모님 덕분에 지금도 와서 쉴 땐 편안하게 잘 쉬고 있어요. 제 아내가 간호사라서 3교대를 하는데 가끔 제가 퇴근하고 들어온 다음에 9시쯤 출근을 하는 날이 있거든요. 그러면 둘이 같이 있다가 혼자 덩그러니 남아있어서 휑하더라고요. 그래서 셋이서 30년을 넘게 살다가 제가 나왔으니 부모님이 적적하시겠다 싶어서, 아내가 밤 근무를 하는 날이면 꼭 여기 와서 지내려고 하고 자주 왔는데 오늘 말씀하시는 걸 보니 별로 그렇게 적적한 느낌은 없으신 것 같더라고요. 제가 쓰던 방은 이제 거의 안 들어오시니까 여기는 어머니, 아버지한테는 완전히 떠난 방처럼 된 것 같아요. 그냥 제가 떠난 그 시기에서 딱 멈춰있는 거죠. 제가 왔다가도 이불 같은 게 다음에 올 때까지 하나 흐트러짐이 없는 걸 보면 여전히 그냥 아들 방이라고 생각하시는 것인지, 가끔 물건을 들이고 내는 것 외에는 출입을 아예 안 하시는 것 같아서 좀 그래요. 저는 이 방을 어머니 아버지가 쓰셨으면 좋겠는데 안 쓰시더라고요.

"제가 쓰던 방은 이제 거의 안 들어오시니까
여기는 어머니, 아버지한테는
완전히 떠난 방처럼 된 것 같아요.
그냥 제가 떠난 그 시기에서 딱 멈춰있는 거죠."

현관 쪽 작은 방은 공부방이라고 부르지만 사실 창고예요. 수십 년 동안의 덕질과 업무의 흔적들이 차곡차곡 쌓여있어요. 처음 와보는 사람들은 '하울의 움직이는 성' 실사판을 보는 것 같다고 얘기하더라고요. 저는 참 버리지를 못해서 큰일이에요. 20년 동안 이사를 안 하면 집이 이렇게 됩니다. 부모님 두 분이 늘 말씀하시는 게 좀 버리고 살라고 하는데, 그래도 끝까지 안 버리게 되는 것들이 있는 것 같아요. 기념될만한 것, 추억될만한 건 모아놓고, 혹시라도 버렸다가 나중에 필요하면 어떡하나 생각이 드는 것들을 놔두다 보니까 이렇게 모인 것 같아요. 뭘 하나 꺼내려면 다 빼내고 꺼내야 하니 조금 힘들긴 해요. 그래도 찾을 건 다 찾을 수 있어서 그거 어디 있냐고 물어보시면 바로 톡톡 꺼내놓으니까 어머니, 아버지도 포기하셨죠. 그저 명절 전에 친척 애들 와서 앉을 공간만 좀 만들어 놓으라고 하셔서 그때만 한 번씩 정리하면 돼요.

제가 가진 주요 아이템들은 일단 90년대부터 노래를 많이 들어서 음반들이 많아요. 서태지와 아이들 시절에 덕질을 시작해서 소녀시대를 조금 파다가 이제는 사촌 동생의 자료까지 쌓여있다 보니까 끝이 없어요. 음반은 똑같은 앨범이 여러 개 있는데, 왜 그런 거 있잖아요. 하나는 듣고, 하나는 소장용, 하나는 사고 대비용. 그래서 3개씩 갖고 있다 보니 집이 이 모양이 돼버렸습니다. 그리고 최근까지 제 수익을 많이 갉아먹은 스타벅스 머그잔은 이 안쪽에도 정말 많아요. 컵 덕은 멈출 수가 없어요. 처음엔 맥주 전용 잔이 예뻐서 사 모으기 시작했다가 '역시 컵은 스타벅스지'라고 하는 순간 돌아올 수 없는 강을 건넌 거죠. 사실 이건 좀 정리를 하려고 하는데 생각보다 쉽지 않아요. 사실 아직 다 풀어놓지도 못했어요. 큰 컵은 정말 감당이 안 돼서 작은 컵을 수집해서 전시해놓고 싶은데, 이제 공사 중인 아파트에 들어가면 가져가서 좀 진열해 놓을까 생각하고 있어요. 와이프한테 이케아에서 파는 코너 장 하나만 허락해달라고 조르고 있는데 어찌 될지 모르겠어요. 사실 이 안에 있는 걸 다 보면 아마 혼나겠죠. 지금도 가끔 새로운 걸 살 때 새집에 놓긴 뭐한 걸 여기에 숨겨놔요. 그리고 가끔 네이버 카페에 올려놨다가 저만큼 덕심을 가진 사람이 사겠다고 그러면 여기 와서 찾아서 보내주고 그러기도 해요.

지금은 공연장 네트워크 관리하는 일을 하다 보니 장비 같은 것들을 여기에 잠시 갖다 놓기도 해요. 올림픽공원에서 공연을 많이 하니까 저한테는 여기가 전진기지 같은 곳이기도 하죠. 처음 일을 하던 곳이 운영 대행업체여서 저런 행사 비표도 상자 하나에 잔뜩 모여있어요. 근데 따로 일기를 안 쓰니까 저런 게 없으면 그동안 뭐 하고 살았는지 모를 것 같아서 다 모아두게 되는 것 같아요. 결국, 이 방에는 제가 20년 동안 했던 거랑 꿈꿨던 게 다 있는 거나 마찬가지예요. 어릴 땐 뭔가 다이내믹한 삶을 원했던 것 같아요. 그래서 이런 여수엑스포나 인천 같은 데를 기웃거렸던 것 같은데 지금은 가정이 생기고 나니 제가 판단을 잘 못했다는 걸 깨닫고 있죠. 공공기관은 아무리 능력이 있어도 기간제다 보니까 한두 번 하고 나서는 연장이 불가능해서 안정적인 일이 안 되더라고요. 머리가 좀 똑똑했을 때 시험을 봐서 안정적인 직장을 잡을 걸 그랬다 싶기도 하고 그래요. 그래도 일은 정말 다이내믹해서 몇 년 하는 동안에는 재미있었어요. 후회는 안 하는데 계속 그렇게 내 맘대로 살려면 아무래도 돈이 좀 더 많은 사람이 되어야 할 것 같아요. 어릴 적에 이 방에서 꿈꿨던 건 분명히 건물주가 아니었는데 지금은 건물주가 돼버려서 큰일이에요. 하하.

그래도 나름대로 만족하고 살고 있어요. 지난 걸 부정해버리면 너무 허무하잖아요. 예전에 서태지가 결혼한다고 그럴 때 팬 모임이 한 1/4토막이 났었어요. 그때 사람들이 갖고 있던 걸 다 갖다 버리고, 정신적으로 무너지는 걸 지켜봤었는데 한참 뒤에 만나서 이야기를 나눠보니 "20년 동안 팬질한 내 인생이 날아갔다."라는 얘기를 하더라고요. 그걸 듣는 순간 오히려 난 여기 있는 것들을 더 고이 잘 지켜야겠다는 생각을 하게 됐어요. 이제 이주를 하게 될 때 이 방을 정리해야 한다는 게 정말 큰 일이 될 것 같아요. 어떤 걸 취하고, 어떤 걸 버려야 하는지 결정해야겠죠. 그래도 지금까진 후회는 안 하고 있고, 여력이 되는 한 가져가고 싶은데 새로운 가족과 잘 상의해봐야 할 것 같아요.

이 집은 당신에게 어떤 의미인가요?

어머니께서 말씀하신 대로 여기 와서 다 잘 됐어요. 대학교도 재수 안 하고 가정에 부담 안 되게 갔고, 군대도 준비하던 전환 복무에 한 번에 합격해서 건강히 마쳤고, 취업도 졸업하고 바로 했고, 결혼도 원하시는 대로 신앙 있는 사람을 잘 만났어요. 어쩌면 그런 운 같은 걸 놓치고 싶지 않아서 여길 계속 오가면서 있는지도 모르겠어요. 왜냐하면, 결혼하고 나서 제가 집을 한번 옮겼는데 그때 재계약이 안 돼서 이사하는 것도 문제가 있었고, 다른 개인적인 문제로 스트레스를 받는 일들이 많았어요. 여기서는 그렇게 당연하게 잘되던 게 삐걱거리게 되면서 — 믿는 사람이 이런 얘기 하면 안 되겠지만 — 정말 집터 같은 게 뭐가 있나 보다 그런 생각을 하게 되더라고요. 부모님이 그렇게 많이 노력해서 꾸미신 만큼 오랫동안 참 우리 가족의 길을 잘 열어준 집이구나, 고맙다는 생각을 하고 있어요.

제가 친척 중에 맏이여서 모든 게 다 처음인 경우가 많았어요. 대학교 가는 거, 군대 처음 가는 거는 다 감내할 수 있었는데 결혼을 처음으로 하는 건 솔직히 많이 준비했는데도 어설펐던 것 같아요. 집을 구할 때는 부동산을 하시는 장모님 도움으로 전셋집을 잘 잡아서 살고 있기는 한데, 나홀로 아파트라고 불리는 곳에서 두 번 살아 보니 확실히 큰 단지의 관리 체계 같은 게 우월한 면이 많다는 걸 체감했어요. 이런 거대한 단지의 테두리 안에서 누리며 살았던 것과 바깥에 나가서 사는 건 천지 차이가 있더라고요.

저는 이 동네를 떠나는 게 못내 아쉬워서 자주 오가고 있거든요. 지금 새로 분양받은 아파트도 강동역에 올라가고 있는 삼성 아파트인데 지금 사는 곳보다는 멀어지지만, 자전거나 버스를 타고 휙휙 오갈 수 있는 거리에 계속 있는 걸 보면, 여기를 떠나지 못하고 계속 맴도는 지박령 같다고 해야 할까요. 계속 그런 상태일 것 같아요. 아마 못 떠날 거예요. 그리고 나중엔 여기 둔촌 아파트 자리로 다시 들어올 생각을 하고 있어요. 가장 큰 이유는 사람 살기 좋고, 올림픽공원 가깝고, 그리고 학군이 좋아서. 그런 면에서 여기만 한 곳이 없다고 생각을 해요. 와이프도 어릴 때 고덕동, 명일동에 살았기 때문에 강동구가 익숙하고, 직장이 삼성병원이라 둔촌동에서 큰길을 타고 쭉 가면 바로 나오니까 이 동네를 좋아하죠. 저도 지금까지 살면서 가장 오래 살았던 곳이 되었으니 여기가 어떻게 변하든

둔촌동을 떠나고 싶은 마음은 없어서 계속 고향이라고 생각하고 싶어요. 그래서 능력이 된다거나, 혹은 저희가 애를 키우다 좀 더 큰 집이 필요해져서 부모님 집과 저희 집을 바꾸는 그런 식으로 얘기가 된다거나 해서 둔촌주공아파트가 있었던 여기에 꼭 돌아오고 싶어요. 다시 돌아와서 살면 여기다가 팻말 하나 세울 수 있지 않을까요? '1997년부터 대를 이어 살고 있다'라고. 여기 들어와서 애 키우고 한 30년 정도 더 살면 정말 지박령이 될 수 있지 않을까요?

이곳이 재건축으로 사라지는 것을 어떻게 생각하시나요?

전에 살던 성내동 집들은 떠나고 나서 몇 년 동안은 그대로 있었어요. 그래서 가끔 천호동에서 걸어올 일이 있으면 큰길로 안가고 일부러 예전에 살던 집들을 한 번씩 쓱 둘러보고, 혹시나 아직 우리 집 앞으로 오는 우편물이 있나 확인하고 그랬어요. 근데 어느 날 다 헐고 새로 짓더라고요. 사실 이젠 내가 왈가왈부할 건 아닌데도 골목 풍경이 변하는 걸 보면 추억이 사라지는 것 같고, 마음이 좀 그렇더라고요. 사실 어렸을 땐 누구나 자기가 특별한 것 같다는 그런 생각 하잖아요. 전에 살던 성내동 집이 없어진 걸 처음 보았을 때 들었던 생각은 웃기게도 그거였어요. '아이고 이제 윤원준 생가가 없어졌구나. 유적으로 만들 수가 없구나. 내가 얼마나 대단한 사람이 될지는 모르겠지만 어쨌든 나의 고향 집이라는 건 없구나.' 그런 생각을 하면서 약간 마음이 뻥 뚫린 것 같은 느낌을 받았어요. 그래도 어쨌든 사라지기 전에 헤어짐을 준비할 수 있는 시간이 있던 것과 지금 둔촌 아파트 재건축처럼 등 떠밀려 나가고 나면 마음의 준비를 할 시간도 없이 바로 사라지는 건 차이가 크다고 봐요. 여기는 없어지기 때문에 제가 나가야 하는 거니까 마음이 더 급박한 거죠. 왜냐하면, 떠나보내는 시간도 필요하거든요. 이사를 하고도 왔다 갔다 하면서 '내가 여기에 살았었지. 살았어.'라고 생각하는 기간이 있었는데 여기는 떠나고 다면 바로 부수기 시작할 테니까, 애도할 시간도 안 주고 없어지는 거라서 그게 정말 속상해요.

앞으로는 어디서 어떻게 살고 싶은가요?

어쨌든 재건축을 하고 나서도 이곳을 제 고향으로 여기며 계속 살고 싶어요. 재건축 이후에 어떤 곳이 되었으면 좋겠냐 하면, 그냥 단순하게 생각하면 브랜드는 래미안이었으면 좋겠는데 아닌 게 아쉬워요. 전에 사장님 댁이 문정 래미안이어서 몇 번 들어가 봤는데 괜찮더라고요. 그리고 맨날 신문사에서 고객 만족도 1위를 했다고 자꾸 자랑하니까 좋아 보이잖아요. 뭐 다 돈 주고 선정하는 거겠지만요. 사람들이 '한정판의 끝은 집'이라고 그러더라고요. 재건축 이후에 어떤 브랜드가 지었는지, 아니면 같은 이름의 단지라도 어떤 시공사가 지었는지에 따라서 가격 차이가 있잖아요. 결국, 사람들이 가고 싶어 하는 브랜드 아파트와 그냥저냥 만족하고 사는 일반 아파트 사이의 차이가 분명히 있다고 생각을 해요. 아파트 시공사는 마음에 안 들지만 어쨌든 제가 살았던 곳에 짓는 아파트고, 위치 때문에도 포기하고 싶지 않고, 그리고 11,000세대급으로 최대 단지가 된다면 일단 머릿수가 많으니 신경은 써주겠지라는 생각도 하고 있어. 너무 속물이죠? 근데 이런 건 너무 감성적으로만 나가면 안 돼요. 속물도 하나씩 있어야 합니다. 하하.

" 여기는 없어지기 때문에 제가 나가야 하는 거니까
　마음이 더 급박한 거죠.
　왜냐하면, 떠나보내는 시간도 필요하거든요. "

2

적응 適應

주위 환경과 생활이 조화를 이룸.
또는 그런 상태
환경을 변화시켜 적응하는 경우와
스스로를 변화시켜 적응하는 경우가 있다.

適 맞을 적
　　맞다, 마땅하다

應 응할 응
　　응하다, 대답하다, 맞장구치다

풍경 속에 눌러앉은
재산가치 1호

430동

배미순 1960년생

둔촌주공아파트 10년 거주 (2006.12~2016. 현재)

본인, 남편, 아들이 한집에서 살아감

둔촌주공아파트에는 어떻게 오게 되었나요?

저희는 둔촌주공아파트로 오기 전에 광장동 현대아파트에서 되게 오래 살았어요. 애 아빠가 현대 계열사에 다녀서 직원 아파트로 거기에 들어갔거든요. 제가 31살 때 집을 산 거니까 솔직히 처음엔 집을 다른 사람보다 쉽게 장만했어요. 신혼이라 돈도 없고, 시댁에서 도와주실 수 있는 상황도 아니었고, 부동산에 대한 개념도 없다 보니 처음엔 작은 아파트에 살았어요. 광장동은 전면에 강이 보여서 좋은데 차가 많이 다니다 보니까 약간 소음이 있거든요. 그래서 강이 살짝만 보이는 조용한 안쪽으로 이사해서 그 집에서 쭉 살았어요. 애가 초·중·고등학교를 모두 5분 거리로 다닐 수 있었고, 동네가 살기 편했어요. 근데 우리랑 비슷한 때 들어 와서 살던 사람들이 하나둘씩 이사를 하고, 우리만 너무 부동산 재테크에 상관없이 동떨어지게 산다는 생각이 들어서 애 아빠한테 우리도 이사를 한번 하자고 얘기했어요.

아는 지인들이 여기 둔촌동 쪽에 집을 사놓는다는 얘기를 듣고, 저희도 지나가다가 한번 들려서 집을 좀 봤어요. 근데 처음 본 집들이 세로만 돌린 집이어서 너무 험하게 썼더라고요. 그래서 처음엔 여기에 집을 사놓고 다른 데에서 전세로 살려고 했는데, 부동산이 막 오르던 2006년이니까 2년 뒤에 팔 수도 있고 사람 일은 어떻게 될지도 모르니 그냥 들어와서 사는 게 어떠냐고 부동산 사장님이 그러더라고요. 그래서 다시 들어와서 살 생각으로 집을 알아봤어요. 처음엔 6층 집을 사려고 했는데 집주인이 계속 가격을 올리는 거예요. 2시에 계약하러 왔는데 밖에 나가서 만나주지도 않고 계속 가격을 올리더라고요. 우리도 전에 살던 집을 좋은 가격에 팔았고, 어차피 그냥 들어와서 살 거니까 2천만 원 정도는 더 주더라도 좋은 집에 들어와서 살아야겠다고 생각하고 있었는데, 2시부터 6시까지 나오지도 않으면서 4시간 동안 4천만 원을 올리시는 거예요. 정말 재건축 때문에 난리인 게 뼈저리게 느껴지더라고요. 그러다가 부동산 사장님이 이건 안 되겠다고 딱 끊어버리시더라고요. 그러면서 여기 2층에 빈집이 있다고 가보자고 해서 왔는데 환할 때 6층을 보다가, 저녁 다 돼서 2층을 보니까 아무래도 더 어둡고, 옛날식으로 어두컴컴한 오크로 되어 있는 집이어서 아니다 싶었어요. 근데 어떡해요. 집은 팔았고, 이쪽에 살려고 마음은 먹었고, 분위기를 보니 뭐라도 빨리 잡아야 했고 그래서 그나마 여기가 6층 집보다는 쌌으니까 그냥 이 집을 사서 들어왔어요.

여기서 어떻게 살았고, 어떤 기억이 있나요?

예전에 저희 친정 고모가 여기 3단지에 사셔서 몇 번 와봤는데 주변 전경을 다 둘러보지는 못해서 4단지 쪽은 집을 사면서 처음 와봤어요. 집 사러 왔을 때도 주변 전경이 보이지 않았는데, 인테리어 때문에 왔다 갔다 하면서 보니까 그제야 여기가 너무 좋다는 걸 느낀 거예요. 어떤 사람들은 이 동이 전망이 좋아서 기다렸다가 사서 들어오는 동이라는 걸, 집을 사고 나서야 알게 됐어요. 사실 우리는 재산 증식을 목적으로 사서 들어왔는데, 마침 여기에 자리가 나서 이 집에 살 게 된 거니 얼마나 복 받은 건가 싶어요. 그 뒤로 재건축이 바로 진행이 안 돼서 지금까지도 이렇게 살고 있는데, 사는 과정도 참 중요하잖아요. 살아보니 눈앞에 이렇게 좋은 숲이 펼쳐져 있고, 소음이라는 게 없이 조용하고, 산에서 들려오는 새소리 같은 게 정말 좋아요.

원래는 인테리어에 큰돈을 안 들이려고 했는데 이 집 구조가 옛날식이다 보니 특히 주방 같은 경우에는 어떻게 해야 할지를 모르겠더라고요. 보통 냉장고가 바깥쪽으로 보여서 답답한데, 저희는 냉장고를 안쪽으로 놔둬서 그나마 환해 보이는 느낌이 있어요. 인테리어를 하면 옆집이나 윗집에 시끄럽게 피해를 주게 되니까 주스나 떡 같은 걸 사서 말씀드리러 방문했었는데 다른 집들은 냉장고가 화장실 앞에 있고, 거실에 있고 그렇더라고요. 우스갯소리로 저녁에 출출하실 때 좋으시겠다고 했는데 동선이 길어서 되게 힘들다고 하시더라고요. 그 정도로 여기가 구조는 좀 안 좋아요. 구조를 조금 편하게 하느라 가스레인지 관 같은 걸 고치고 그러느라 인테리어에 생각보다 더 돈이 들어가더라고요. 계속 전세를 줬던 집이고 새시도 옛날 거라 덜컹거리길래 새로 했고요. 잠깐 살 거로 생각하고 들어오긴 했는데 이렇게 오래 살게 됐으니 처음에 중요한 것만 한번 고치고 들어오길 잘한 것 같아요.

처음에는 재건축을 노리고 잠깐 살려고 들어와서, 나중에 재건축하고 다시 새집에 들어 올 때 다 새로 살 생각으로 살림은 쓰던 걸 많이 줄여서 들어왔어요. 예전부터 한번 사면 망가지거나 고장 날 때까지는 쭉 오래 쓰는 편이어서, 소파 같은 것도 애 어릴 적에 산 건데 여기 오면서 리폼만 다시 해서 가져왔어요. 옛날 가구는 장인들이 만들어서 품질이 정말 좋았거든요. 요즘은 가구가 다 그냥 유통이 되어버린 거예요. 중국에서 수입해오고 이케아 같은 데서 만든 가구들은 약해질 수밖에 없는데, 우리 집에 있는 가구들은 오래됐지만, 품질이 좋고 다 애착이 있는 물건들이에요. TV는 기수가 수능 끝나자마자 기수 아빠가 기다렸다가 산 거예요. 이게 옛날 LCD 프로젝션 TV라 좀 오래된 모델이긴 한데, 어차피 이사할 거니까 하고 안 바꾸고 있어요. 화분들도 다 광장동 집에서부터 키운 거예요. 요즘 신경을 많이 못 써서 애들이 안 예쁘게 자라서 아쉬워요. 그리고 여기가 2층이다 보니까 엘리베이터가 안 돼서 큰 화분은 분갈이를 못 하는 것도 좀 아쉬워요.

전에 살던 광장동 집보다 여기가 더 좁고, 창고 같은 게 없다 보니까 집 정리가 쉽지 않고, 물건들이 제자리를 못 찾는 것 같아요. 그러니까 김치냉장고는 베란다에 나가 있거나 뒤쪽에 안 보이는데 있어야 하는데 우리 집은 김치냉장고가 보이는 데 나와 있으니까 그런 게 좀 싫어요. 모든 게 제 자리가 잘 갖춰진 집이면 좋겠다 싶어서, 나중에는 집에 가구를 맞추는 게 아니라 내가 가진 것과 살아가는 규모에 집을 맞추고 싶다는 생각을 해요. 그래서 일단 지금보다는 커야 할 것 같아요. 왜냐하면, 지금까지 살아온 게 있잖아요. 이거보다 더 작은 집에는 못 갈 것 같아요. 그렇다고 6~70평을 바라지는 않고 40평대 정도가 그래도 집을 꾸미면서 살기에는 제일 낫겠다 싶어서 이번에 분양 신청할 때 그렇게 선택했어요. 근데 또 그게 잘못된 생각인가 싶기도 해요. 왜냐하면, 요즘은 30평대를 살아도 지금 이 집보다는 낫잖아요. 여기가 오래된 아파트라 쓸모없는 공간이 많아서 그렇지. 창고도 넓고, 베란다도 넓으면 어느 정도 정리가 될 것 같아요. 무조건 큰 평수를 부러워하는 건 아니고 그냥 물건들이 제 자리를 찾을 수 있는 정도면 좋겠어요.

살다 보니 살림이 또 점점 늘어나더라고요. 제 나이가 벌써 60세가 다 되어가고, 그동안 취미도 다양해서 뭐가 많이 늘어나긴 했어요. 운동 하나 시작하면 운동 장비가 늘어나다 보니 애 방 하나가 창고처럼 됐어요. 아들이 더 나이 먹기 전에, 총각이었을 때, 조금 더 넓고 여유로운 공간에서 쾌적한 생활을 조금 더 누리게 하고 싶었는데 그러지 못해서 아쉬워요. 광장동 집은 그래도 조금 더 크니까 같은 물건이어도 정리가 잘 되고 그랬는데, 지금은 이 방에 들어가면 되게 답답할 거 같긴 해요. 좀 버려야지 싶지만 버리면 아쉬운 것들이 있잖아요. 옛날에 타던 스키 같은 건 이제 나이 먹으니까 진짜 버려야 할 것 같은데도 못 버리고 있어요. 조금 더 과감하게 정리를 하긴 해야 할 것 같아요. 근데 우리 애도 짐이 정말 많아요. 제발 좀 버리라고 하는데 안 버리더라고요. 앞으로는 생활을 조금 더 단순하게 살고 싶고, 여기서 무언가를 더 늘리고 싶진 않아요.

　우리 집은 일단 들어오면 마음이 편안해지고, 아늑한 느낌이 들어요. 사실 지금 여름 풍경이 제일 미운 거예요. 봄, 가을이 더 멋지거든요. 그리고 겨울에는 설화가 펴서 더 예쁘고요. 저희가 2006년 겨울에 왔는데, 집들이 때 친척분들이 몇 분 오셔서 설화가 피어 있는 걸 보시고는 전에 강가에 살 때보다 더 멋지다고 좋아하셨어요. 가스 점검이나 소독하는 분들은 다른 집들도 많이 가보시잖아요. 그분들이 봄에 오시면 눈을 못 떼시더라고요. 살아보니 여기는 2층이라 바깥이 정원처럼 보이고, 흙도 보여서 좋은 것 같아요. 바로 집 뒤로만 나가도 산책길이 있고, 숲도 있고, 새들도 정말 많아요. 그런 것 때문에 재건축하는 것이 좀 아깝다는 생각도 들어요. 우리도 여기를 벗어나면 이런 거를 누리고 살 수는 없을 거로 생각하거든요.

　그렇지만 집의 자산가치를 깔고 앉아서 전망만 즐기기에는 다른 것들이 아쉬운 부분들이 너무 많고, 금전적인 손실도 커요. 이 집의 단점은 바깥 공기는 좋은데 설계가 잘못돼서 집 안 통풍이 잘 안 된다는 거예요. 작년은 가물었지만, 그 전 두 해 정도는 비가 많이 와서 엄청 습했잖아요. 그 전에 광장동 집에서는 경험하지 못했던 건데, 여기선 옷에 곰팡이가 자꾸 피는 거예요. 그리고 음식물도 저장이 오래 안 되고, 잘 썩고, 쌀벌레도 잘 생기고요. 그래서 제습기도 새로 사고, 김치냉장고도 큰 거로 사고 자꾸 살림을 더 들일 수밖에 없더라고요. 예전 집에서는 화장실이 두 개였는데 하나로 쓰니까 되게 불편했고, 녹물이 나와서 불편한 것도 많아요. 샤워커튼을 몇 번을 갈아도 계속 누렇게 되고, 아무래도 건강에도 영향을 줄 거 같기도 하고요.

　애 방 안을 보면 기둥이 조금씩 튀어나와 있어서 공간 활용이 잘 안 되고, 방 두 면이 외벽이어서 정말 춥거든요. 인테리어를 할 때 거기에 단열재 같은 거로 보강했으면 좋았을 텐데, 그때는 제가 일을 하고 있어서 그걸 신경을 못 썼어요. 그래서 돗자리를 이렇게 단열재처럼 붙여놓으니 그나마 좀 낫더라고요. 그리고 처음에 공사할 때는 중문을 안 했어요. 그런데 겨울을 지내고 보니까 안되어

서 나중에 중문도 설치했어요. 이 집에 살면서 좀 웃긴 건, 이 집이 약간 서늘한 느낌이 들다 보니 집에서 따뜻하게 입고 있거든요. 그러다가 밖으로 나가보면 옷을 남들보다 너무 두껍게 입고 있는 거예요. 그럼 '나만 또 두껍게 입고 나왔네.' 싶어서 막 벗어요. 그런 게 어떻게 보면 좀 웃기죠.

전에 사시던 분이 변호사였는데, 여유가 좀 있는 분이셔서 그런지 중앙난방을 다 끊어 버린 거예요. 다른 집은 보통 거실만 개별난방으로 한다던데 저희는 집 전체를 다 하거든요. 그래서 보일러를 틀면 목욕탕이나 세탁기 놓는 자리까지 아주 따끈따끈해요. 겨울에도 세탁기 쪽이 얼거나 그러지 않아서 좋은데, 이게 중앙난방을 끊었다고 해도 관리비는 1/N로 내야 하는 거라 개별난방 보일러 요금이 한 23만 원 정도 나오고 중앙난방비까지 합치면 겨울에는 한 달에 60~70만 원이 나가는 거예요. 그렇게 중앙난방비로 — 우리가 쓰지도 못하면서 — 일 년에 한 120만 원 정도를 버리는 돈으로 써야 하는 거예요. 그게 공동주택의 규정이라고 하니까 저희가 뭐라고 항의하기도 그렇더라고요. 처음 이사 할 때 집주인이 그 얘기를 미리 해줬기 때문에 알고는 있었는데, 사는 게 길어지면서 그런 돈이 그냥 버려지는 게 너무 아까운 거예요.

그리고 우리 동 같은 경우는 지하철에서 멀다 보니까 겨울철에는 춥기도 하고, 약속 시간이 빠듯하면 식구들이 차로 지하철역까지 데려다주고 그러거든요. 교통이 정말 편한 곳에 살다가 여기로 오니까 제일 불편한 건 아무래도 교통인 것 같아요. 저 같은 경우에는 어릴 적에 용산구랑 중구에 살았거든요. 그러다 보니 누구를 만날 때 강남보다는 강북을 선호하는데, 친구들하고 약속해서 모임에 나갈 때면 제가 항상 좀 늦더라고요. 아무리 서둘러서 나가도 지하철 한번 놓치면 다음 배차 간격이 너무 길고 그러니까 교통이 정말 안 좋긴 안 좋은 것 같아요. 여기가 외지긴 외졌어요. 바로 옆이 서하남이잖아요. 가끔 내가 어떻게 이렇게 서울의 끝자락까지 와서 살게 됐나 싶기도 해요.

의외로 여기 사람들이 너무 이기적이라는 생각이 들더라고요. 여기 430동은 전망이 좋은 동이어서 집주인들이 많이 산다는데도, 서로 책임을 안 지려고 하니까 저도 이 동네에 와서 몇 년 살지도 않았는데 반장을 해봤거든요. 반상회비 내는 것도 광장동 현대 같은 경우에는 다 냈는데, 여기는 왜 내야 하냐는 사람

들이 있어요. 젊은 신혼부부가 잠깐 세 들어와서, 아침에 나갔다가 저녁에 들어오고 하니까 그런 이기적인 생각을 해서 그런지 이의를 다는 사람들이 많더라고요. 이게 젊었을 때부터 서로 얼굴 알고 친하게 살아온 사람들하고는 확실히 다르구나 싶었어요. 여기는 최소한의 체면치레도 없는 것 같아요. 어떻게 저럴까. 특히 분리수거나 음식물 쓰레기 같은 경우에는 어떻게 저렇게 막 버릴까 싶어요. 그런 걸 보면 이 동네가 공동체 의식이 좀 부족한 것 같아요.

예전 동네는 한동네에서 오래 살아서 사람들끼리 면면이 알아서 그런지 화분 같은 거도 몇 년을 밖에 꺼내놔도 분실된 적이 없었는데 여기는 조금만 좋은 거 꺼내놓으면 금세 없어져 버리는 거예요. 사람들은 다 똑같은데 동네 분위기가 왜 이렇게 다른 걸까 싶은데, 연세가 많은 사람이 많고, 세입자가 많아서 그런 게 아닐까 싶어요. 광장동 현대아파트 살 때는 눈이 오면 엄마들이 애들 데리고 나와서 다 같이 눈을 치웠거든요. 그래서 여기 와서 눈이 올 때 저희 애 보고 나가서 치우라고 했는데 애가 들어와서는 막 화를 내는 거예요. 아무도 나오지 않아서 자기랑 아저씨랑 둘이 다 치웠다고요. 그래서 저도 그다음부터는 안 내보냈죠. 7~8년 동안 동네 사람들이 나와서 눈 치우는 걸 한 번도 못 봤어요. 다른 사람들도 다 안 하니까 저희도 그렇게 되더라고요. 다들 자기 차나 터는 정도지 아무도 안 해요.

그리고 사람들 세태가 변한 것인지 동네 분위기가 그런 것인지 모르겠는데, 이 동네는 주차가 복잡해서 차를 이중주차로 해놔야 하는 경우가 많아요. 사이드브레이크를 풀어 놓으면 차를 밀고 자기 차를 빼면 되는데 차 밀기가 싫어서 사람을 부르는 사람들도 있어요. 가끔 제가 사이드 브레이크를 걸어 놓은 줄 알고 놀라서 내려가 보면 자기는 차에 가만히 앉아서 '미세요.'라고 앉아 있어요. 그리고 주차 같은 거에 문제가 있으면 전에는 경비아저씨를 통해 연락해서 주민들 간에 부딪히지 않게 해주셨었는데, 여기는 아저씨가 연락하면 그분들이 되게 싫어한대요. 아저씨들도 사람을 봐가며 말발이 센 사람은 상대를 안 하고, 저희 같은 사람한테는 무리한 요구를 하시고요. 한번은 다른 차가 사이드 브레이크를 걸어놓았는데, 우리가 만만하게 보이니까 우리 차보고 비켜달라고 해서 정말 좀 불쾌했죠. 그리고 차를 망가트리고도 메모 하나 안 남기고 가더라고요. 그래서 다 저희 돈으로 수리했어요. 저희가 그런 일을 세 번이나 당했으니 이 동네에 대

한 애정 같은 게 없어질 만도 하죠. 그런 문화가 좀 아쉽더라고요.

이사 오고 나서 동네 분들 몇 사람을 집에 초대도 해봤지만, 그 뒤에 나를 다시 초청해준 집이 없었어요. 뭐랄까 사람들이 정서적으로 더 메말랐다고 그래야 하나요. 예전엔 광장동 현대 살 때는 정말 마음이 맞는 사람들끼리 여름에 돗자리 깔고 담소도 나누고 그런 게 있었는데 여긴 참 아쉽더라고요. 남편들이 늦으면 아랫집에 잠옷 입고 내려가서 수다 떨고 차 마시고 놀다가 올라오고 그랬거든요. 애들 어렸을 때를 공유하고 그랬던 것이 소중한 거 같아요. 기존에 이 동네에서 오래 살던 사람들끼리의 모임 같은 건 돈독한 것 같은데 내가 들어갈 틈은 없는 느낌이에요. 젊은 엄마들끼리는 친해질 수 있겠지만, 저희처럼 애들 다 키우고 나이 먹어서 옮겨온 사람들한테는 그런 인심 같은 게 없더라고요. 그래서 솔직히 여기 와서는 사람을 잘 사귀지 못했어요. 근데 제가 여기서 동네 사람들을 못 사귀는 이유가 2층에 살아서, 엘리베이터를 타지 않고 걸어 다녀서 인 것도 같아요. 엘리베이터에서 자꾸 보면 인사를 안 할 수가 없잖아요.

강동구가 문화 강좌 같은 것이 좀 뒤처진 것 같아 여기 와서도 광진문화센터나 중앙박물관에 가서 문화생활을 하다 보니 더 동네에서 친한 사람은 못 만든 것도 같아요. 그리고 이상한 게 여기도 단지 안에 사회체육센터가 있는데, 여기 와서는 그냥 동네 산책을 하거나, 올림픽 공원이나 길 건너에 일자산에 더 많이 다니게 되더라고요. 그래서 가끔 사우나에서 만난 3단지에 사는 언니네로 차 마시러 가는 것 말고는 딱히 뭐가 없어요. 그래서 이 집은 저에겐 무슨 공동체로서의 느낌 같은 건 적었던 것 같아요. 이 집은 그냥 우리 집으로서의 집이지.

"이 집은 저에겐 무슨 공동체로서의 느낌 같은 건 적었던 것 같아요. 이 집은 그냥 우리 집으로서의 집이ㅈ

이 집은 당신에게 어떤 의미인가요?

이 집은 저에게 경제적으로는 재산 1호예요. 그만큼 제가 가진 돈을 투자한 거고, 좋은 고급 주상복합 부럽지 않은 그런 가치가 있다고 생각해요. 솔직히 잘해 놓은 새 아파트에 갔다 오면 우리 집이 너무 초라한 느낌도 있는데, 여기서 느끼는 정신적인 편안함 같은 것을 위안으로 삼는다고 해야 할까요? 생활의 편리함 같은 거는 이걸 팔고 조금 더 변두리로 가면 느낄 수 있는데, 그런 거를 열망하면서도 그래도 이 동네가 좋은 게 더 큰 거죠. 뒤에 나가면 산도 있고, 이렇게 자연이 가까우니까 그런 조금 다른 가치를 더 중요하게 생각하는 것 같아요. 그래서 재건축이 빨리 돼서 새 아파트에 들어가서 살면 생활은 편리해지겠구나 싶지만, 막상 재건축이 안 돼서 애가 타거나 그러지는 않아요. 그냥 지금 이걸 즐기고 살면 되니까⋯. 이제 평생 어디서 이런 거를 누리며 살아보겠나 하는 그런 생각으로 즐기며 살고 있어요. 아마 이 동에 사시는 분들은 다 저 같은 마음일 것 같아요.

저는 집에 있을 때가 가장 편안한 것 같아요. 특별하게 뭘 안 해도 집에 있는 게 편하죠. 바로 앞에 벚꽃도 피고, 산수유도 피고 그런 것들이 집안 어디서나 보이니까 집 안에서 사계를 느낄 수 있어요. 집에서 혼자 보내는 시간에는 책 한번 보다가 하늘 한번 쳐다보고, 또 카펫에 누워서 하늘 보다가 나무도 보고 그래요. 혼자 그냥 있어도 좋고, 지인들이 놀러 와서 차 마시고 얘기하는 것도 좋아요. 근데 집에서 차 마시고 이러는 건 정말 여유더라고요. 시간적인 여유가 있어야 하는데 지금은 정신적으로도, 시간적으로도 여유가 없어진 것 같아요. 예전에는 집에서 사람들 불러서 종일 차 마시고 얘기하고 그랬는데 애 아빠가 퇴직하고 나니까 지금은 그러지를 못하잖아요. 제가 시간이 많으면 유리도 깨끗이 닦아 놓고 좀 더 즐기고 싶은데 바쁘다 보니까 그러지를 못해서 아쉬움이 조금 들어요. 시간적인 여유와 마음이 있어야 꽃도 예쁘게 잘 자라는데 요즘 점점 뻐드러지는 것 같고, 정리정돈이 되어 있어야 마음이 편한데 그런 게 안되니까 항상 불만이 조금씩 쌓여있는 것 같아요. 언제 한번 날 잡고 정리를 확 하고 싶은데 그것보다도 먼저 처리해야 할 일들이 많아서, 그렇게 쫓겨 살다 보니까 가끔 내가 정말 중요하게 생각하는 게 뭔가라는 생각이 들어요.

제가 거의 전업주부로 있다가 재작년에 남편이 은퇴해서 처음에는 여행을 다니고 놀았는데, 지방에 땅이 좀 있다 보니 세금이랑 의료보험 같은 게 되게 많이 나오더라고요. 현금은 없는데 나가야 하는 돈들이 너무 많은 거예요. 저희가 종부세만를 광장동에 비하면 같은 평인데도 땅에 대한 지분 때문에 거의 배를 냈어요. 그때 여기 가격이 높게 형성되어 있어서 재산세도 많이 냈는데, 지금은 부동산 가치가 떨어지면서 그나마 조금 감해지긴 했지만 세금도 정말 무시 못 하더라고요. 애 아빠가 직장을 다닐 때는 아깝다는 생각을 사실 안 했는데, 의료보험 같은 거 내는 게 너무 아까워서 가족 중에 누구 하나라도 취업을 해야 하는 상황이었어요. 정말 직장, 일이라는 건 필요한 것 같아요. 직업 없고, 돈도 없고, 그냥 어중간하게 집만 있는 사람들은 힘든 것 같아요. 그래서 가족들 다들 취업을 해 보려고는 했지만 제가 제일 빨리 돼서 저만 지금 일을 하고 있거든요. 전업주부로만 십몇 년 지내다가 뒤늦게 다시 일하니까 눈도 어둡고, 전산 감각도 떨어지고, 힘도 없어서, 확실히 일의 능률이 젊은 애들보다 떨어지는 걸 느껴요. 그래도 옛날에 일했던 게 있으니까 싫은 소리 듣기는 싫고, 저보다 젊은 상사한테 일 못 하겠다는 소리도 못하잖아요. 그러니까 배는 노력하다 보면 점점 집안을 등한시하게 되는 게 좀 아쉽더라고요. 직장 일하고 집안일하고 양립할 수 있으면 집도 잘 돌볼 수 있을 텐데…. 그동안 가장 중요한 가치를 두는 건 집이었거든요. 가족들 먹을 음식을 정성껏 하고, 집을 깨끗하게 하고, 이 집의 장점을 잘 살리고 싶고, 정리정돈을 잘하고 싶은데, 이제는 시간이 안 되더라고요. 그러다 보니 집안 꼴이 정말 하루하루 달라지는 게 보여요.

　　제가 애한테도 빨리 취업을 하라고 하는 게, 우리 때는 자수성가해서 집을 구하는 게 그렇게 어렵지 않은 시대였는데, 요즘은 집값도 너무 비싸고 그래서 젊은 애들이 부모가 도와주지 않으면 살아가기가 너무 힘든 세상이잖아요. 저희는 부모님께 도움은 하나도 못 받았지만, 남들보다 집을 쉽게 장만한 편이었고, 확실히 집을 마련하면서부터 오는 안정감 같은 것들이 있었거든요. 저도 아들한테 부모로서 뭔가 크게 호화롭게 해주지는 못하겠지만 조그만 집이라도 하나는 기본으로 해주고 싶은 마음이 있어서, 나중에 이 집을 팔면 쪼개서 애한테 변두리에 작은 아파트라도 사주고 싶은데, 얘가 직장을 다니면 뭐라도 되는데 직장도 안 다녀서 버는 돈이 없으면 곧바로 증여가 돼버리니까 세금을 왕창 내야 할 텐데…. 저 나이면 우리 때는 벌써 자립도 하고 결혼도 했을 나이인데 저러고 있

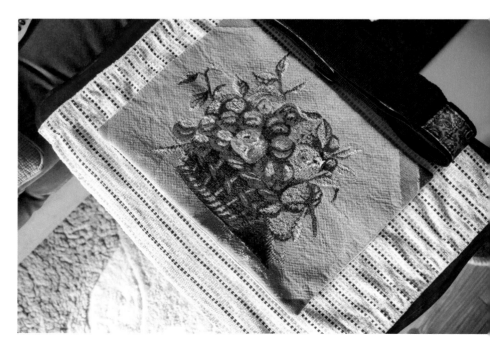

으니 답답하기는 하죠. 앞으로 살아갈 날들이 많이 남아 있고, 더 힘들어질 것 같은데…. 노후준비를 잘해서 애한테 큰 도움은 안 되더라도 부모가 초라하지 않게, 남한테 당당하게 내세울 수 있는 부모로 늙어가고 싶은데 어떻게 될지 모르겠어요. 저나 애 아빠나 이재에 밝은 편이 아니다 보니 너무 현실감이 떨어지나 싶기도 해요. 우리가 경제적으로 좀 더 기반을 닦아 놓아야 하는데 재산 같은 것을 정리하는 것도 좀 늦은 거 아닌가 하는 생각도 들어요. 이걸 어떻게든 빨리 정리해서 우리가 앞으로 살고 싶은 곳을 딱 정해놔야 한다는 생각이 지금 와서 드는 거예요. 그래서 재건축을 이왕 할 거라면 빨리해서 여기가 진짜 마음에 들어서 여기로 터를 잡을 것인지를 정하고 싶은 거죠. 맘에 드는 곳에 딱 안착하고 싶은데, 지금은 딱 안착한 느낌이 아니에요. 여기가 재건축돼서 새 아파트가 되면 거기에 들어가서 살려고 이 집을 산 건데, 지금 상황에서는 좋은 값에 팔리면 팔고 사는 곳을 바꿔볼까 하는 생각도 들고, 반반이에요.

앞으로는 어디서 어떻게 살고 싶은가요?

식구들한테 어디로 가고 싶은지 물어봐도 다들 별생각이 없고, 앞으로 노후를 어떻게 보낼 건가에 따라 사는 곳이 바뀔 것 같다는 생각이 들어요. 제가 예전에 몇 년 동안 국립 중앙 박물관에 강의를 들으러 다녔는데 여기서 다니려고 보니 막힐 때도 잦고 힘들더라고요. 그래서 동부이촌동에 가자고도 했었어요. 왜냐하면, 그쪽이 제 고향이다 보니까 친숙하거든요. 근데 여기가 재건축이 늦어지고 거기는 전세금도 너무 많이 올라가서 이제 그쪽으로 가는 건 요원해진 것 같더라고요. 그리고 세종문화회관 뒤쪽이 조용하고 좋더라고요. 그래서 한번 완전히 도심에서, 광화문 오피스텔 같은 데서 살아보자고도 애 아빠 보고 가끔 얘기했었어요. 또 절에 다니다 보니까 화계사 쪽에 한 번 갔었는데, 거기가 강북의 오래된 동네라 교통은 안 좋아도 절도 가깝고, 산에 산책로도 잘되어 있더라고요. 그래서 그 앞에 집을 하나 하고, 이쪽에도 집을 하나 구해서 애 살게 하고 그러면 어떨까도 생각해 봤어요.

저는 집이 복잡한데 있는 건 싫더라고요. 일단 집은 차 소음에서는 떨어져 있어야 한다고 생각해요. 밖에서도 소음에 시달렸는데 집에서까지 소음이 있는 건 싫잖아요. 집은 좀 편안하고 조용해야 한다고 생각해요. 근데 한편으로는 또 너무 도심에서 벗어난 건 싫어요. 저 같은 경우에는 서울 토박이라 전원생활

을 그리워하거나 그런 게 없어요. 문화생활 같은 걸 안 하는 사람이 아니다 보니까 너무 외진 곳은 별로 가고 싶지가 않더라고요. 기흥 같은 곳에 선배 언니네가 사는 타운 하우스 같은 집도 외국 같고 좋긴 한데, 그런 데서 살라고 하면 저는 못 살 것 같아요. 저는 수시로 들락날락할 수 있어야 하거든요. 영화가 보고 싶을 때 가서 영화를 보고 그래야 해서 너무 외진 곳은 선호를 못 하겠더라고요. 전원적인 느낌은 있으면서도 도시라고 할 수 있는 우리 집 정도가 딱 좋은 것 같아요. 둔촌동이 마지노선이라고 생각해요. 여기보다 더 들어가서 살 생각은 없는 것 같아요.

그리고 집은 내 생활의 근거지와 가까워야 한다고 생각해요. 일단 제가 지금 일하고 있는 곳이 이쪽에서 가까우니까 여기에 머무는 것이 맞는데, 이 일을 계속할 것인가가 가장 딜레마예요. 그것부터 정하고, 어떤 방향으로 살아갈 것인지가 정해져야 어디에 가서 살 것인가도 정해질 것 같아요. 절에 다니면서 기도 생활을 하려면 절 가까운 데에 집을 구하고 싶고, 박물관에 꾸준히 다닐 것 같으면 그쪽 가까운 곳에 집을 구하고 싶어요. 결국 아직 아무것도 확실히 정해지지는 않았어요. 그리고 재건축 때문에라도 한번은 나간다는 생각이 드니까 더더욱 안착한 느낌은 아닌 것 같아요. 빨리 마음을 정해야 하는데, 지난번에 조합원 분양을 신청할 때 평수 정하는 것 때문에도 한 번 더 갈등 했어요. 나중에 나이 먹으면 큰 평수는 필요 없다고 하는데, 그래도 30평대에서만 살아봤으니까 조금 더 넓게 살아보고 싶은 그런 생각도 들더라고요. 하여튼 아직 모르겠어요.

"재건축을 이왕 할 거라면 빨리해서 여기가 진짜 마음에 들어서 여기로 터를 잡을 것인지를 정하고 싶은 거죠.. 맘에 드는 곳에 딱 안착하고 싶은데, 지금은 안착한 느낌이 아니에요."

이곳이 재건축으로 사라지는 것을 어떻게 생각하시나요?

우리가 만약 이 동네를 떠나면 다시 이런 데서 살 수 있을까? 라는 생각을 많이 해요. 서울에서 이렇게 가깝게 자연을 누리며 살 수 있는 곳은 이제 없는 것 같아요. 그래서 이곳에서의 사계를 제 마음속에, 눈에 많이 담아두려고 해요. 그게 가장 큰 아쉬움이죠. 가을에 은행나무 휘날리고 그럴 때는 사진 찍히는 걸 정말 싫어하는데도 저도 모르게 한번 찍어달라고 얘기하게 되더라고요. 저를 담고 싶다기보다는 이 풍경을 담고 싶어서 찍게 되는 것 같아요.

기존의 잠실 재건축 같은 거와는 다르게 지금 여기만큼 자연하고 조화를 이룬 최고의 아파트가 되면 좋겠어요. 인공적인 분수나 인위적인 LED 조명 같은 건 싫고요. 대리석 발라놓고 번쩍번쩍하게 해놓은 그런 걸 바라는 건 아니에요. 제가 말하는 명품 아파트는 인위적으로 조경을 잘해놓은 게 아니라, 우리가 사랑하던 이 자연과 조화를 잘 살린 그런 아파트가 되면 좋겠어요. 다시 들어와서 살고 싶은 집, 살고 싶은 동네가 되었으면 좋겠어요. 여기가 우리가 사랑하는 모습과 많이 달라진다고 하면 여기서 살 필요가 없어지는 거겠죠.

"우리가 사랑하던 이 자연과 조화로운 모습을
잘 살린 그런 아파트가 되면 좋겠어요.
정말 다시 들어와서 살고 싶은 집,
살고 싶은 동네가 되어 있으면 좋겠어요."

물들어 버린 모습이
마음에 드는 삶

320동

이기연 1971년생

둔촌주공아파트 8년 거주 (2009~2016 현재)

본인, 남편, 아들 둘의 4인 가정으로 살아감

둔촌주공아파트에는 어떻게 오게 되었나요?

저희가 여기 이사 오기 전에 살던 곳은 인천 검단 신도시였어요. 아파트는 정말 잘 지어져 있는데 주변 인프라는 아직 구축이 잘 안 되어 있는 그런 곳이었어요. 그 전엔 수원에도 살았고요. 양도소득세가 면제되면 점프하는 식으로 삼사 년에 한 번씩 옮겨 다니면서 널뛰기하듯 여기저기 옮겨 다니면서 살았어요. 근데 하루는 일이 좀 일찍 끝난 날, 동네에서 중학교 앞을 건너가고 있는데 횡단보도에서 마주친 아이들한테서 청소년다운 싱그러움이 하나도 안 느껴지더라고요. 담배를 막 피우면서 횡단보도를 건너는 중학생들을 보고 순간 굉장히 놀랐어요. 그 당시 우리 애가 초등학교 5학년이었는데, 우리 애를 이런 학교에 보내기가 싫다는 생각이 들어서 이사를 해야겠다고 생각했어요. 그러다 저희 고객 중 한 분이 잠신고등학교 수학 선생님이신데 그분과 얘기를 하다가 뜻하지 않게 제 고민 상담을 하게 된 거예요. 그분이 고민을 듣고 둔촌동에 남중, 남고가 있으니 괜찮겠다며 추천을 해줬어요. 그리고 그 동네가 지금 재건축을 앞두고 있어서 전세 보증금이 생각보다 싸다고 해서 그분 말씀만 듣고 이쪽 동네 공인중개사에 무작정 전화를 했어요.

근데 부동산에서 이틀 만에 지금 좋은 물건이 나왔으니 빨리 오라고 전화가 온 거예요. 그날 마침 경기도 광주 쪽에서 일이 있어서 바로 왔는데, 와보니 한 세 군데 부동산에서 그 집을 놓고 경합이 붙은 상황이었어요. 다들 전화로 계약금을 걸겠다, 뭐 하겠다 하는데 실제로 사람이 온 건 저밖에 없었던 거죠. 그리고 그날따라 되려고 그랬던 건지, 이 집주인이 원래는 집에 잘 안 계신 편인데 그날따라 또 집에 계셔서, 제가 만나서 바로 계약서를 썼어요. 요즘 신도시를 보면 지하주차장이 다 되어 있고, 음식물 쓰레기나 재활용 시스템이 잘되어 있거든요. 근데 이 동네에 딱 들어왔을 때, 버리는 물건들이 여기저기 널브러져 있는 걸 보고는 순간 '아 뭐야 이게…' 싶었어요. 좋은 아파트에만 살다가 갑자기 이런 곳에 오니까 솔직히 조금 그랬어요. 그리고 똑같은 30평대인데도 여기가 훨씬 작거든요. 근데 여러 사람이 막 덤벼드니까 이겨야 할 것 같아서 좀 즉흥적으로 별생각 없이 계약서를 썼던 거 같아요. 그래도 거기서 확 따냈을 때 굉장한 희열을 느꼈죠. 하하.

여기서 어떻게 살았고, 어떤 기억을 갖고 있나요?

이 집은 당신에게 어떤 의미인가요?

집을 보러 왔을 때는 몰랐는데 나중에 보니 이 동이 위례초등학교와도 가깝고, 단지 가운데 쪽이어서 이런저런 시설들에 접근성도 좋고, 선호도가 꽤 있는 동이더라고요. 그리고 앞이 뻥 뚫려 있어서 전망이 진짜 좋거든요. 그걸 나중에서야 발견하고 '오, 이런 좋은데?' 하고 기뻐했고, 집과 동네에 대한 첫인상이 더 좋아졌어요. 그리고 집 보러 온 날에는 잘 몰랐는데 베란다가 확장되어 있더라고요. 예전에 살던 집보다는 아니지만 그나마 다른 집들에 비해서는 좀 넓었고, 중간에 손을 봤던 집이라서 집 상태도 깨끗하고, 몰딩도 하얗고, 좋았어요. 그래서 벽지 도배만 하고 들어왔어요.

우리 집이 동향이어서 빛이 좀 짧지만, 동창이 밝을 때 보면 절로 감탄이 터져 나와요. 그게 아주 잠깐이지만 정말 좋아요. 요즘 같은 경우에는 아침 6시도 되기 전에 동이 트거든요. 아침 빛을 받을 때의 그 느낌이 저를 새벽형 인간으로 만들어 준 것 같아요. 다시 오후가 되면 반대편에서 빛이 거실 안쪽까지 쭉 들어와요. 여기가 복도식이라 여름에 현관문을 자주 열어놓고 있거든요. 그럼 노을이 지는 게 바로 눈앞에서 보이는데 그때 정말 너무 예뻐서 애들이랑 같이 노을 사진도 찍고 그랬어요. 겨울에도 여기서 바라보면 앞에 메타세쿼이아 나무에 눈이 약간씩 내려앉은 설경이 보이는데, '아, 예쁘다. 이사 오길 잘했다. 이런 뜻하지 않은 아름다움이 있었구나!' 그럴 때 기분이 참 좋아요.

우리 집 가구 배치가 다른 집에 비해 좀 특이하다고 하더라고요. 저희도 처음부터 이렇진 않았고 굉장히 많이 바꾸다가 보니 이렇게 된 거예요. 원래 부엌이 일자였는데 ㄱ자로 만들면서 냉장고 놓을 자리가 사라졌어요. 그래서 궁리를 하다가 냉장고가 거실 한가운데로 나왔는데 생각보다 괜찮더라고요. 그런 식으로 우리 식구 생활 방식에 적합한 걸 찾느라고 이렇게 저렇게 많이 바꿔봤어요. 검단이나 수원 살 때는 나름 그 집에 딱 맞게 들어가 있던 가구를 여기 작은 집으로 오면서 많이 줄여야 했거든요. 그리고 여기 집 바닥이 좀 불균형하게 패이고, 기울어져 있는 데가 많아서 가구들이 비틀어지다가 문짝이 하나둘씩 떨어져서 버린 것도 많아요. 결론은 오래 버티고 견딘 가구만이 살아남아서 지금 이 배치가 되어 있는 거죠. 지금까지 살아남은 가구 중에 제일 튼튼한 건 거실에 있는 책

장인데 예전부터 아기가 나오면 책을 많이 읽게 하고 싶어서 신혼 때 사놓은 거거든요. 다행히 젤 튼튼해서 이렇게 멀쩡하게 오래가고 있어요.

제가 블로그에서 유행한다는 셀프 인테리어 같은 건 한 번씩 다 해본 거 같아요. 안방에 찬넬 선반을 달아서 정리한 것도 직접 했고, 천장에 레일조명도 제가 달았어요. 가구 배치도 맨날 바꾸고요. 신랑이 출근했다 들어오면 다른 집에 들어온 것 같다고 그러더라고요. 피아노도 등으로 옮기다가 문지방을 못 넘어서 포기했는데, 그거 빼고는 다 옮겨본 것 같아요. 배치를 바꿀 때마다 애들한테 "야, 이거 들어! 밑에 받쳐야지!" 이러는 게 너무 힘들다고 애들도 이제는 더는 바꾸지 말라고 하더라고요. 그리고 약간의 정리벽 같은 게 있어서 일렬로 세우는 걸 굉장히 좋아하거든요. 예전 집에서도 정리를 많이 했는데 거기는 일단 집이 좀 더 넓고 수납장들이 붙박이로 많이 있으니까 정리를 조금만 해도 깨끗해 보이는 게 있었는데, 여기는 정리를 아주 많이 해야 깨끗해 보여서 더더욱 할 수밖에 없어요.

저는 이 집이 뭔가를 계속하게 만드는 집이라 참 좋아요. 너무 좋은 집에 살면 망가지면 안 되고, 못 자국도 생기면 안 돼서 아무것도 못하는데, 여기는 벽지를 뜯어보면 여기저기 구멍이 뽕뽕 나 있거든요. 이미 누군가 해놨던 벽에 저도 못질을 하는 거니까 무언가를 계속 해도 되는 그런 집인 거죠. 그리고 공간이 좁고 창고도 딱히 없다 보니 더 궁리하게 되는 그런 집인 것 같아요. 여기서 이렇게 살았던 경험이 재미있어서 앞으로의 삶에도 영향이 갈 것 같아요. 나중에 애들이 크고 저희도 늙으면 새 아파트로 안 가고, 그냥 오래된 빌라 같은 곳에 가서 마음껏 고쳐가면서 살겠다고 지금은 생각하고 있어요.

우리 집에서 자랑이라고 하면 곳곳에 아이들이 만든 미술 작품들이 있다는 거예요. 저희 애들이 그림을 9년 정도 했어요. 전공을 시키려고 한 건 아닌데 해오는 것들을 보니까 곧잘 하더라고요. 그래서 처음에는 그냥 몇 개 붙여놓다가 이걸 액자로 해서 걸어놓으니까 별거 아닌 것 같아도 작품 같아 보이고 좋더라고요. 사실 집에 걸 미술 작품을 제가 어디서 사오겠어요. 비싸기만 하지. 근데 애들이 해놓은 거 가지고도 뭔가 그림이 된다는 느낌이 있고, 애들도 뿌듯해해서 그런 부분이 이 집의 자랑인 것 같아요.

예전에 저희 큰애가 사춘기를 겪으면서 저랑 많이 부딪혔는데, 어느 날 가족들이 다 모여서 식사를 하는 자리에서 제가 우리 둘째가 만든 거를 보여주면서 자랑을 늘어놓았나 봐요. 그 뒤로 어느 날 큰애 카톡 대문 사진이 바뀌었는데 지금 저 거실 벽 가운데에 걸려있는 그림이었어요. 나름 자기가 잘했다고 생각한 거로 바꿔 놓은 것 같더라고요. 카톡에서 그걸 보니까 순간 '아, 내가 그때 주변 지인들한테 작은 애 것만 자랑했는데, 큰 애가 마음이 많이 안 좋았겠구나.' 하는 생각이 들더라고요. 그래서 큰애의 기를 살려줘야겠다 싶어서 저렇게 가운데로 딱 옮겨 달고, 레일 등도 달아주고, 네가 집안의 중심인 양 그렇게 해줬어요. 그랬더니 애가 자기 그림이 살아있다면서 좋아하더라고요. 그리고 웃긴 건, 저 그림 때문에 식탁을 그림 색에 맞춰서 아무도 안 쓰는 연두색으로 했어요. 하하. 전에 포인트가 되는 그릇을 좀 사고 싶어서 그릇 가게 사장님께 "우리 집 식탁은 연두색인데요."라고 그랬더니 요즘 누가 연두색을 쓰냐고 그래서 좀 창피하긴 했었어요. 아무튼, 그런 이유로 그 뒤로는 곳곳에서 연두색이 포인트 컬러로 출몰하고 있습니다.

테이블을 이렇게 거실 한가운데에 놓은 건 애들 덩치가 커지다 보니 식탁이 너무 작거나 한쪽에 붙어 있으면 좀 답답하고 힘들더라고요. 그래서 가운데에 큰 식탁을 놓고 맨날 고기 구워 먹고 술 한 잔씩 하고 그러고 있어요. 이제 큰애가 고3이다 보니까 공부를 해야 해서 여기서 TV를 보거나 그런 건 이제 못하게 하는데, 그렇다고 여기서 공부를 하지는 않더라고요. 여기선 그냥 유행하는 노래가 있으면 따라 부르기도 하고, 자기 맘대로 춤도 추고 그래요. 저는 집은 편안해야 한다고 생각하거든요. 그야말로 집은 '방귀 무풍지대'라고 생각해요. 밖에서 이것저것 매운 것도 먹어서 속도 안 좋고 그러다가 집에 와서는 진짜 아무렇지 않게 뿡뿡 그래도 누구 하나 질타하지 않고 눈치 보지 않는 그런 곳이어야 한다고 생각해요. 이 집은 거의 아마존이나 정글처럼 홀라당 벗고 다녀도 상관없고 아무런 터치도 안 받아요. 아무 의식 없이 편하게 '내 집이니까' 그럴 수 있는 게 제가 집에서 제일 중요하게 생각하는 부분이에요. 정리를 많이 하는 이유도 집은 편안해야 한다고 생각해서 거든요. 집에 딱 왔을 때 어수선하고 너저분하면 기분이 안 좋으니까 다른 사람도 그렇겠지 싶어서 정리하는 거예요. 생각보다 청소는 잘 안 하고 정리만 해요 정리만.

제가 집에서 또 중요하게 생각하는 하나는 집이랑 직장이랑 너무 멀면 힘들고 괴롭다는 거예요. 집은 먹고사는 곳이랑 가까워야 해요. 무슨 일이 났을 때 언제든지 뛰어올 수 있는 거리가 좋은 것 같아요. 옛날에 집은 인천 검단이고 회사는 역삼동이었 때 애들이 다치거나 응급상황이 돼도 뛰어올 수가 없었어요. 아무리 빨라도 두 시간이 넘게 걸리니까…. 애들이 전화하면 '이렇게 해, 저렇게 해'하고 원격조종만 할 수 있지 실제로 제가 가서 도와줄 수 있는 건 아니더라고요. 한번은 이사 온 지 얼마 안 되었을 때 큰애랑 둘째가 방과 후 교실 가기 전에 학교 운동장에서 야구 하며 놀고 있었는데, 큰아들이 순하게 생기고 뚱뚱하니까 대여섯 명이 와서 약 올리고 괴롭힌 거예요. 아들한테 그 얘기를 듣고는 당장 택시를 타고 달려와서 "어디서 그런 거야! 누가 그런 거야! 누구냐!"라고 그랬거든요. 그때 애들이 '엄마가 언제나 우리 옆을 지키고 있구나!' 하는 든든함을 느꼈나 보더라고요. 물리적인 거리가 가까우니 이렇게 뭔가 독수리 오형제 같은 느낌으로 애들을 돌볼 수 있게 된 것 같아서 좋았어요. 둔촌주공아파트로 이사 오면서 애들이랑 그런 면에서 좀 더 끈끈해졌다는 느낌이 들어요.

그리고 집은 스스럼없이 뭔가를 편하게 얘기할 수 있는 공간이 되어야 한다고 생각해요. 서로가 서로에게 동조자이고 집은 그 울타리인 거죠. 구성원들이 서로를 조금 배려하고, 하루에 있던 이야기를 하면 "아휴, 속상했겠네. 그래 그래." 그러면서 이야기 들어주고 그러는 동조자 같은 느낌이 결국 집을 평안하게 하는 것 같아요.

"둔촌주공아파트로 이사 오면서 애들이랑
좀 더 끈끈해졌다는 느낌이 들어요."

제가 어렸을 때 전학을 한 여섯 번인가 일곱 번을 다녔거든요. 전학을 갈 때마다 굉장히 눈치를 보며 관찰을 많이 할 수밖에 없었고, 매번 적응하느라 애 쓰고 그랬어요. 제 성격도 그때 많이 변했던 것 같아요. 그래서 우리 애들은 전학 좀 시키지 않고, 초·중·고 동창들을 만들어주고 싶었는데 이제 반은 이룬 것 같아요. 그리고 이 동네 애들이 전반적으로 인성이 좋은 편이에요. 성격은 다 다른데, 잘 커가는 애들을 보는 게 기분 좋죠. 이사 오고 나서 그해 가을이었나, 고등학생들이 저 위에서 우리 집 앞길로 내려오는데 '와! 신선하다! 애들이 왜 이렇게 예쁘냐!' 싶었어요. 자세히 뜯어보면 다 예쁘진 않죠. 한참 여드름 바가지고 그런데 뭔가 청년다운 싱그러운 애들이 걸어 나오니 막 심장이 쿵쿵한 거죠. '와, 멋지다. 우리 애들도 이렇게 크겠지!' 그런 느낌을 둔촌주공아파트가 준 거예요. 그리고 여기 이사 오기 전에는 뭔가 인생에 머리 아픈 일이 많았었는데 이 집에 이사 온 후로는 평온했어요. 뭔가 힘든 게 거의 없었어요. 사실 점프하며 이사 다닐 때보다 돈은 되는 게 없었지만, 이 집에 이사 와서는 생각보다 모든 게 편안하게 흘러갔던 것 같아요. 뭔가 좀 더 안정되고 그러면서 내실을 쌓을 수 있게 되었고요. 제 인생에서도 제일 오래 산 집이 되었어요.

이 동네가 무척 안정된 곳이어서 부모와 살다가 결혼을 해서도 또 이쪽에서 살게 되고, 거기서 또 애들이 태어나고 그러다 보니까 약간은 부족적인 느낌이 나는 그런 동네인 거 같아요. 그래서 "아이고, 몇 동 몇 호 누구네 딸내미가 저기서 그랬대." 이런 소리 날까 봐서 행동도 함부로 안 하세요. 대부분은 굉장히 점잖고, 약간씩 경계를 하시는 것 같아요. 여기가 외지인들이 많이 들어오는 동네가 아니잖아요. 새로 택지가 개발된 곳에 살면 외부에서 들어와서 모여 살고 그러는 거라 다 같은 신세이거든요. 엘리베이터 타면 서로 호기심 어린 눈빛으로 "어디서 이사 오셨어요?" 이러는 분들이 많은데 여기는 그렇지 않더라고요. 저 같은 외지인을 대하실 때 느낀 인상은 묻지도 않고, 따지지도 않는데 눈은 언제나 관찰을 하는 그런 느낌이었어요. 엘리베이터에 타도 인사만 하고 모르는 척을 하는데 뭔가 거울로는 보고 있는 그런 느낌이 있어요. 그게 이 동네 습성인 것 같아요. 근데 아는 사람들끼리는 정말 끈끈하시더라고요. 여기서 한 삼십 년 사신 분들만 알아서 가는 몇십 년 된 단골 가게들도 있고 그렇더라고요. 그런 부분에 끼어들기가 생각보다 쉽지 않았어요.

큰애가 6학년일 때 담임 선생님이 이 동네에 대해서 하셨던 말씀이 있어요. '작은 강남' 같다고. 이 동네가 화려하진 않잖아요. 하고 다니는 것도 겉으로 볼 때는 그냥 편안하게 입고 다니시고, '나 이런 사람이야'라고 내세우는 사람도 한 분 없지만, 나중에 우연히 뭐 하시는 분들인지 알게 됐을 때는 진짜냐고 되묻게 되는 분들이 너무 많은 거예요. 본인들이 추구하고 공부하는 그런 것들에 대해서는 내공들이 장난이 아니시더라고요. 사람들이 겉으로 화려하진 않은데 생각보다 굉장히 안으로는 내실이 쌓여 있는 분들이 많더라고요. 겉으로 화려하지만 속 빈 강정이 아니라 이렇게 속이 꽉 찬 분들을 보면 정말 이분들처럼 살아야 한다는 생각을 하게 돼요. 같은 50대, 60대라도 어디 가면 밤이나 낮이나 술 먹고 널브러져 계신 분들을 보면 저렇게는 살지 말아야 하는데 싶은데, 반면에 이 동네에는 꾸준히 서예를 하시거나 하는 점잖은 분들을 보면 감명받을 때가 있는 것 같아요.

검단 신도시에서는 이제 신혼부부가 되거나 어린 애들을 키우는 비슷한 또래들이 주로 있었는데, 집도 넓고 새집에 좋은 차도 뽑고, 아기 엄마들이 유모차를 끌고 다닐 때도 막 민소매 원피스에 모자 쓰고 선글라스 끼고 화려하게 다니는 사람들이 많았어요. 그리고 골프 친다고 골프웨어 상점들도 엄청 많아서 거기서 옷을 마구 사고 그러는데, 중요한 건 막상 사귀고 보면 빛 좋은 개살구인 경우가 많았어요. 근데 여기는 전혀 그렇지 않거든요. 되게 검소하고 안정감이 있어요. 허풍스럽다거나 허황한 분들을 별로 못 만났던 것 같아요. 근데 이 동네는 해외여행은 참 많이 다니시더라고요. 쓸데없는 데에 돈을 안 쓰고 모아서 해외로 나가시는 것 같아요. 보수적이긴 해도 생각의 폭이 협소하지 않고, 다양성에 대해서는 좀 많이 열려있는 그런 분들이 많고, 젊은 사람들 견해도 그럴 수 있다고 편하게 받아들여 주시고 좋은 것 같아요. 그래서 그런지 이 동네가 조용하면서 건강하게 클 수 있는 곳 같아요.

제가 둔촌주공아파트에서 제일 좋아하는 건 월드스포피아에서 수영하는 거예요. 지금 몇 년째 다니고 있는데 집에서 걸어서 삼 분이면 갈 수 있는 데가 있으니까 더 오래 다닌 거 같아요. 전에 살던 데는 몰려드는 인구 대비 시설이 턱없이 부족해서 수영장을 끊으려면 밤에 돗자리 펴고 줄을 서서 끊어야 하고, 그래도 자리가 안 나는 경우가 많아서 포기했었어요. 근데 여기는 바로 근처에 올림픽공원 안에도 수영장이 있어서 주위 인프라가 풍족하죠. 그러다 보니 마음만 먹으면 수영을 할 수 있는 거예요. 월드스포피아에서 수영도 하고, 에어로빅도 하고, 헬스도 하면 정말 행복해요. 옛날에 수영장 좀 어떻게 끊어볼까 하다가 포기하던 생각이 나면서, 이 동네 살아서 이렇게 편하게 수영장을 이용할 수 있는 거니까 사는 동안 더 열심히 해야겠다는 생각이 있어요.

　　동네 분들도 거기서 많이 만나서 친해졌어요. 제가 마흔 중반인데 거기서 만난 분들은 50대, 60대, 70대까지 다 계세요. 그렇지만 무조건 '언니'죠. 그분들도 본인 자제분들이 내 나이일 것 같은데 언니라고 부르면 굉장히 좋아하세요. 하하. 그분들끼리 네트워크로 사 먹는 지역 특산물 같은 게 있는데, 예를 들면 상주 곶감이나 참기름 같은 걸 진짜 제대로 하는 집을 알면 공동구매해서 다 같이 나눠 드시거든요. 그분들과 친해지고 나서는 그런 거에 낄 수 있어서 좋아요. 그럴 때마다 '그래, 이사 잘 왔어.' 그래요. 원래 살던 사람들의 모임이 경계가 좀 분명해서, 저처럼 체육센터라도 다니면서 그런 분들이랑 친해지면 약간은 낄 수 있는데 그렇지 않으신 분들은 적응하기가 좀 힘들죠. 제가 활달한 성격이긴 한데 사실 붙임성 있는 성격은 아니에요. 초등학교 때 전학을 너무 많이 다녀서 관찰하는 기간이 굉장히 긴 편이라 그 사람이 어떤 사람인지 정확하게 판단되지 않으면 행동을 전혀 안 해요. 내가 이렇게 부르면 기분 나빠하실까, 좋아하실까, 이것부터 계산하거든요. 그래서 원래 제 성격이 활달하지만 언니, 언니 부르며 친해진 것도 한 2년 정도 지나고 나서 그랬던 것 같아요.

한번은 큰애가 학교에서 여학우랑 다툼이 있었는데, 그 여자애는 아까 말했던 이 동네 토박이였어요. 외할머니네, 이모네, 옆집, 건넛집, 온 동네에 아는 사람이 많은 그런 집이었어요. 그런데 어느 날 처음 본 가게에서 누가 큰애를 보고 "니가 몇 반에 누구니?" 이러면서 우리 애 이름을 탁 이야기하시는 거예요. 제가 너무 놀라서 어떻게 처음 본 사람이 우리 애 이름을 아느냐고 여쭤봤더니 자기들끼리는 얘기가 다 돌아서, 자기 조카랑 싸운 애라고 우리를 알아보더라고요. 그래서 '아, 이런 동네에서 사는 건 이런 게 좀 외롭구나.' 싶었어요. 그래서 처음 이사 와서는 좀 힘들었죠.

그 이후로도 적응은 했는데 저를 바라보는 입장이 호불호가 많이 갈리더라고요. 제가 남자처럼 보이쉬하게 머리를 깎고, 어떤 날은 정장을 입고 나가고, 어떤 날은 배기 바지 입고 다니고 그러는 걸 보며 '저 사람은 도대체 뭐 하는 사람일까? 사기꾼일까? 알 수가 없다.'고 생각했다더라고요. 어느 날은 한쪽만 끼는 블루투스 이어폰을 하고 나갔더니 국정원 직원 같단 얘기도 하시고 별의별 상상들을 많이 하세요. 지금도 좋아하는 사람은 많이 좋아해 주시고, 싫어하는 사람은 저랑 아예 눈도 안 마주치고 그래요.

이곳이 재건축으로 사라지는 것을 어떻게 생각하시나요?
앞으로는 어디서 어떻게 살고 싶은가요?
처음에는 그 관찰하는 눈빛이 너무 싫었는데 저도 어느덧 여기서 7년 넘게 살다 보니까 어느 순간 그런 눈빛으로 사람들을 보고 있더라고요. 저도 모르게 물들어가고 있구나 싶은 느낌도 들었어요. 근데 어느덧 나도 이렇게 이 사람들과 같이 물들었는데 이제 재건축을 하게 되면 또 다른 데에 가서 다르게 또 물들어야 하는 게, 그동안 너무 많이 그렇게 살아서 그런지, 이제는 그런 것도 좀 싫더라고요. 애들하고도 재건축하면 어디로 가서 살지 얘기하면서 "너희가 대학교를 어디로 갈진 모르겠지만, 그쪽으로 이사할까?" 물어보니 그 전엔 한 번도 그런 얘기를 안 하던 애들이 갑자기 "그냥 이 동네서 살지 어디를 가요?" 이러는 거예요. 이사하면 친구들이랑 못 만나지 않냐며 싫다고 하더라고요. 길만 지나가도 쉽게 친구들을 볼 수 있는 동네니까 그런 느낌이 우리 애들한테도 생겼더라고요. 매번 1~2년 관찰만 하다가 '에이 나는 외지인이야.' 이러면서 계속 떠나가는 게 아니라 어느 정도 이 동네에 융화가 되어가고 있다 보니까, 또 다른 동네로 이사

를 하면 옛날처럼 그렇게 살면 되겠지 하고 생각이 들다가도 다시 이렇게는 못 살 것 같다는 느낌이 들면서 아쉬운 거예요. 이 동네만의 특성이라는 것이 저는 되게 좋거든요. 그래서 아마도 그냥 이 동네 언저리에서 살지 않을까. 그냥 조금 더 줄이고 더 열심히 챙기면서, 정리하면서 살지 않을까 싶어요.

애들이 어느 정도 자라고 난 다음에, 쟤네들이 캥거루족만 안 되면, 아마 애들이랑 같이는 안 살겠죠? 그러면 두 내외가 살기 적당한 공간에서 지금과는 조금 다른 패턴으로 살 것 같아요. 그때는 애들 다 키우고 나서니까 저에게 좀 더 투자하고 살고 싶어요. 문득 세월이 정말 짧더라고요. 그래서 가는 세월을 좀 붙잡아 보려고 공부를 좀 더 해보고 싶다는 생각도 하고 있는데, 구체적인 건 모르겠어요. 사춘기처럼 하루는 뭘 해볼까 그러다가, 또 하루는 뭘 해볼까 계속 그런 상태이긴 한데 조금은 창의적인 그런 일을 하고 싶어요. 저도 서예를 해볼까요?

"저도 모르게 물들어가고 있구나 싶은 느낌도 들었어요.
근데 이제 재건축을 하게 되면
또 다른 데에 가서 다르게 또 물들어야 하는 게,
그동안 너무 많이 그렇게 살아서 그런지,
이제는 그런 것도 좀 싫더라고요."

이호선
2014. 4.12
178cm
A+ 51x3+6

이성윤
2015.1.17
152 + 6 8
165.3 cm

6.8

이영호
2014. 6. 4
156+2.5
158.5cm

2.5

이경훈
2014.4.13

우리의 첫 출발이 담긴 신혼집

415동

조연지 1984년생

둔촌주공아파트 0년 거주 (2016.4~2016 현재)

본인과 신랑 둘이서 한집에서 살아감

둔촌주공아파트에는 어떻게 오게 되었나요?

저는 초등학교 2학년 때부터 32살까지 여기서 바로 길 건너에 있는 올림픽 아파트에 살았고, 초등학교부터 대학교까지 다 거기서 나왔어요. 제가 창덕여고를 나와서 둔촌아파트에 사는 친구들도 많이 있었지만, 친구네 집에 놀러 가본 적은 딱히 없는 것 같아요. 둔촌주공아파트는 중·고등학생 때 과외 선생님 댁이 여기라서 처음 왔었어요. 그게 몇 동이었는지 기억이 안 나는데, 맨날 거기만 왔다 갔다 해서 그때는 둔촌아파트가 이렇게까지 큰지도 몰랐어요. 그래도 어쨌든 이웃 동네라는 생각으로 살고 있었고, 둔촌주공아파트가 재건축한다는 얘기는 진짜 오래전부터 들어서 알고는 있었어요.

둔촌주공아파트에는 신혼집을 알아보다가 오게 됐어요. 제 직장은 명동이고 신랑은 수원이다 보니까 중간에 합의점이 없더라고요. 근데 결혼해서도 일을 하려면 주변 도움이 많이 필요해서 친정 근처에서 많이 산다고 하더라고요. 그래서 올림픽공원을 중심으로 방이, 오금, 개롱 쪽을 봤는데 생각처럼 예산은 안 맞고, 예산에 맞추려다 보면 집이 너무 좁아지는데, 저희 둘이 키가 정말 큰 편이다 보니 너무 좁아지는 게 조금 걸리더라고요. 그러다가 둔촌아파트가 매매는 비싼데 전세는 비싸지 않다고 해서, 찾아보다가 여기서 살게 됐어요.

신랑은 처음에 판교 같은 곳은 좋은 신도시니까 조금 좁더라도 그쪽에서 사는 게 편리하고 좋지 않을까 싶었나 보더라고요. 거기보다 방이동, 올림픽, 둔촌동 이쪽은 사실 그냥 100% 주거지이잖아요. 여길 외지인이 봤을 때는 정말 아무것도 없는 것 같은 느낌이었나 봐요. 너무 조용하고, 많이 불편할 것 같고, 5호선도 낯설고요. 남편이 원래 수원에 살아서 서울 이쪽 동네에 대해서는 전혀 모르는 상태여서 아마 더 그랬을 것 같아요. 그래도 친정에 가깝고, 같은 값에 훨씬 넓은 집을 구할 수 있어서 결국 둔촌주공아파트로 정하게 되었어요.

처음에 왔을 땐 그때가 겨울이어서 입구가 좀 을씨년스럽고 무서웠어요. 솔직히 첫인상은 '과연 여기서 살 수 있을까?' 였어요. 어차피 여기서 2년만 살고 나가게 될 거라는 생각을 하긴 했지만, 혹시라도 그 전에 다른 사람들이 다 먼저 나가버려서 여기가 모두 비어버리면 너무 무서울 것 같았어요. 그래서 처음에는 '내가 뭔가 잘못 생각한 건 아닐까?' 싶은 걱정이 많이 들었어요.

여기서 어떻게 살았고, 어떤 기억이 있나요?

결혼 준비하면서 둔촌동 집에 신랑이 먼저 들어와서 살았는데, 햇빛이 집을 한 바퀴 돈다고 하더라고요. 방마다 돌아가면서 해가 드는데 너무 예쁘고 아름답다면서 너도 봐야 하는데라는 얘기를 하더라고요. 저는 아직도 못 봐서 그게 무슨 얘기인지 잘 모르겠는데, 어쨌든 신랑은 지금은 이 집을 좋아해요.

근데 제가 집에 혼자 있어야 하는 상황이 되면 무서워할까 봐 좀 걱정해요. 특히 여기 4단지 안쪽은 주차된 차가 너무 많으니까 택시들이 안쪽까지 들어오기 싫어해서 저도 맨날 라상가 마켓유 앞에서 내려서 걸어 들어오거든요. 밤에는 그 길이 차는 많은데 생각보다 오가는 사람이 많지는 않아서 꽤 무서워요. 그리고 지하철로 출근하는 것도 그렇게 힘들지 않았는데, 여기는 한번 지하철역까지 걸어나가려면 10~15분씩 걸리다 보니까 그 시간이 좀 아깝기도 하고, 어두워지면 조금 무섭기도 하고 그래요. 그래서 저는 그 길을 걸을 때, 친구들이나 가족들한테 안부 전화를 해요. 특히 신혼 때 시부모님께 전화하는 게 부담스럽다고들 하는데, 걸어오는 길에 한 번씩 전화를 드리면 크게 부담 없이 제 할 일도 하는 느낌이라서 괜찮더라고요. 그리고 저희 외할머니가 올림픽 아파트에 살고 계시는데, 참 가까운 거리긴 해도 바쁘고 힘드니까 자주 갈 수는 없더라고요. 그래서 오가며 자주 전화를 드리니까 그것도 나쁘지 않은 것 같아요.

이 집에 온 지는 이제 한 달 반 정도 됐어요. 오래된 집은 틀어진다고 해서 신랑이 처음에 집을 볼 때 창문 같은 게 잘 안 닫히면 여기는 아니라고 생각하려고 했는데 의외로 틀어진 거 없이 잘 맞아서 살아도 괜찮겠다고 생각했대요. 집은 손을 거의 안 댄 것 같으면서도 구석구석 다 조금씩 손을 봤어요. 거실은 바닥은 안 하고 벽지만 새로 했어요. 부모님이 바닥에 찍힌 자국들을 보고 새로 해야 하지 않겠냐고 하셨는데, 제가 어차피 살면서 뭐 하나 떨어트리면 저렇게 찍힐 건데 뭘 저 정도로 새로 바꾸냐고 그랬어요. 원래 제가 그런 거를 잘 못 참는 성격이었는데, 뜻밖에 쿨하게 나오니까 부모님도 놀라시고, 신랑도 놀라더라고요. 저도 제가 생각하는 저랑 좀 다르게 반응한 것 같아요. 아마 그 기저에는 '2년 살고 나갈 건데 뭐…. 뭘 골치 아프게 새로 해?' 이런 생각이 있었던 것 같아요. 어쨌든 집을 꾸미면서 제 예민한 부분들을 많이 누그러트리는 계기가 됐던 것 같아요. 근데 살다 보니까 정말로 거슬리는 것도 별로 없더라고요.

이 집에서 제일 좋아하는 장소는 가장 많은 시간을 보내는 거실인 것 같아요. 아무래도 거실에서 둘이 같이 보내는 시간도 많아서 더 애정이 가는 것 같고, 신경 써서 청소도 하게 되는 것 같아요. 지금은 다 갖춰졌지만, 이 소파가 들어온 지 이제 3주쯤 됐나? 그전에는 TV 장도 없고 TV만 덜렁 있었어요. 무슨 엠티 가면 볼 수 있는 아무것도 없는 그런 공간에서 큰 무릎담요를 깔아놓고 앉아서 소풍 온 듯이 사과를 깎아 먹고 그랬어요. 그런 게 추억이어서 사실 가구 들여올 때 "우리 이제 바닥에 그렇게 못 앉네…." 그러면서 아쉬워했거든요.

싱크대는 제가 키가 많이 크다 보니까 제일 높여서 새로 만들었어요. 그리고 수납장을 하나 사서 세탁실 사이에 파티션처럼 놓았는데 괜찮은 것 같아요. 가전들은 다 선물 받은 거라 새것인데, 그릇 같은 건 엄마가 예전부터 딸 시집갈 때 준다고 열심히 사 모으셨던 걸 소원풀이도 해드릴 겸 다 들고 왔어요. 앞치마는 어머님이 만들어 주셔서 여기에 걸어놨어요. 그런데 집이 오래되니까 수도 같은 건 정말 불편하긴 해요. 녹물이 나와서 물을 좀 틀어놓고 녹물을 내보내야지, 무의식적으로 그냥 물을 틀고 바로 설거지하면 안 돼요. 정수기 필터를 달아놨는데 어떻게 저런 색이 되는지 신기할 정도로 순식간에 변해요. 눈에 보이는 가루가 막 나오더라고요. 물을 많이 쓰지도 않는데도 3주에 한 번씩은 필터를 갈아줘야 할 정도예요.

가구를 들일 때 보니, 일단 이 집에서 2년만 살고 나간다는 생각으로 들어와서, 이 집에 맞춰서 새로운 걸 짜 넣으면 나중에 다른 곳에 가서 못 쓰게 되는 상황이 생기겠더라고요. 그래서 각자 집에서 자기가 쓰던 것 중에 애정이 있고 크게 낡지 않은 것들을 골라서 가져 왔어요. 안방 침대는 신랑이 쓰던 거였고, 괴테 책상은 저희 아버지가 독일 주재원 생활을 하실 때 사주신 거예요. 제가 중학생 때쯤 가져온 거니까 꽤 오래됐어요. 독일에서 들어오실 때, 이걸 싣고 오는 날, 하필 비가 와서 얘한테 담요를 덮어서 저희가 직접 옮겼어요. 그런 기억도 있다 보니까 아무래도 더 애정을 갖게 되는 것 같아요. 예전 집에서는 좁은 방에 가구가 가득 차 있어서 얘가 빛을 발할 수가 없었는데 여기 와서 딱 자기 자리를 찾은 것 같아요. 아빠가 자꾸 이걸 가져가라고 해서 왜 새집에 옛날 물건을 계속 가져가라고 하시나 싶었는데, 막상 여기 들여놓으니까 이래저래 잘 어울리고, 가구가 잘 살아서 좋아요. 원래 저 책상이 편지를 쓰는 책상이어서 아빠가 만년필이

랑 종이 세트까지 같이 사주셨는데 저는 화장대로 쓰고 있어요. 여기에 딱 맞는 동그란 거울 같은 걸 달아서 쓰는 게 목표인데 아직 마음에 드는 걸 찾지는 못했어요. 아침에 여기에 한 번씩 앉아서 거울 보고 그럴 때마다 잘 가져왔다 싶어요. 이건 앞으로도 쭉 가져가고 싶은 물건이에요.

새로 산 가구들은 원래 있던 가구들에 맞춰서 컬러를 선택했어요. 전반적으로 톤을 좀 밝게 가고 싶었는데, 기존에 우리가 갖고 있던 가구들이 다 진하다 보니까 절충안을 찾아야 했어요. 그래서 짙은 색과 옅은 색이 같이 들어있는 걸 찾느라 잡지도 많이 보고 많이 돌아다녀서 시간이 오래 걸렸지만, 전반적으로 원하는 걸 경제적으로 잘 마련한 것 같아요. 그리고 이 집이 천장이 낮더라고요. 올림픽 아파트도 옛날 아파트라서 천장이 높지는 않은데 여기는 더 낮았어요. 개별난방을 설치하면서 바닥을 높여서 그렇다더라고요. 둘 다 키가 좀 크다 보니까 조금 답답하긴 해도 괜찮았는데, 가구 살 때는 고생을 많이 했어요. 요즘 나오는 가구들이 기본 높이가 다 높다 보니 들여올 수가 없었어요. 그래서 청소년 가구를 사는 거로 타협을 했어요. 뭐 방법은 다 있더라고요.

집 자체도 오래됐고 원래 쓰던 가구들도 많아서 그런지, 저희 친척들이 놀러 오셔서 집이 신혼집 같지 않게 뭔가 들떠있지 않고 전반적으로 분위기가 차분하다고 하시더라고요. 근데 우리 집도 자세히 보면 아기자기한 디테일이 구석구석 많이 있어요. 제가 귀여운 걸 되게 좋아하거든요. 특히 서재에는 아기자기한 소품들이 많이 있어요. 신랑이 닭띠라서 닭이 조금씩 늘어가고 있고, 제 별명이 기린이어서 친구들이 기린 소품을 많이 사줘서 그런 게 많아요. 그리고 화장실에 가면 제가 진짜 좋아하는 코끼리 모양의 비눗갑이 있어요. 안에는 비누를 넣고 코에는 샤워 타월을 걸어놓는 건데, 부모님은 그런 거 유치하다고, 왜 맨날 쓸데없는 잡동사니를 사느냐고 그러셨거든요. 예전 집은 가족 집이니까 제 맘대로 못했는데 여기는 다 제가 골라서 놓을 수 있으니까 재미있어요. 예전 집 같으면 샤워 타월도 그냥 무채색일 텐데, 여기는 제가 하고 싶은 캐릭터 들어간 수건을 살 수 있잖아요. 손 닦는 수건을 아무리 예쁜 걸 해놓아도 동생이나 아버지가 지나가다가 머리 감을 때 막 쓰고 그러면 끝이었는데, 이제는 한 사람만 관리하면 되니까 그런 건 좀 좋은 것 같아요.

올림픽 아파트에 살기 전에 5학년 때까지 살던 동네는 동작구 신대방동이 었는데 단독주택이 많이 몰려있는 동네였어요. 아파트에 살게 된 건 올림픽 아파트가 처음이었는데, 올림픽상가 지하에 재래시장처럼 조그맣게 있는 청과물 가게, 반찬가게, 떡집에 가면 옛날에 살던 동네 생각이 나서 할머니랑 자꾸 거기 에 가게 된다는 글을 초등학생 때 쓴 적이 있어요. 그만큼 올림픽 아파트는 뭔가 좀 차가웠어요. 그래서 사람 냄새가 나는 시장 같은 곳에 대한 그리움이 있었는 데 그걸 해소해주는 곳이 둔촌동이었거든요. 둔촌시장도 자주 가고 둔촌종합상 가도 자주 갔어요. 그리고 사실 저는 둔촌동의 '엘마트'를 되게 사랑하거든요. 거 기는 진짜 모든 게 다 있어요. 하다못해 저희 함 들어올 때 바가지가 필요한데 온 시장을 다 돌아다녀도 없던 박이 엘마트에 있더라고요. 올림픽 아파트에 살 때 도 일부러 둔촌동역에서 내려서 엘마트를 구경하고 살 거 사서 집까지 걸어가 는 게 제 운동이었어요.

그런 둔촌동에 대한 이미지 때문에 여기로 이사를 올 때 막연한 기대가 있 었어요. 그래서 둘이서 "우리 여기 오면 떡 좀 돌려야 하는 거 아니야?" 그랬는 데, 여기도 만만치 않게 차더라고요. 요즘 사람들의 특징인가 싶게 인사를 해도 다들 어색해하시고, 따뜻하게 다가가고 싶었는데 생각처럼 그렇게 안 됐어요. 경 비아저씨도 제가 인사를 너무 열심히 해서 처음에는 되게 어색해하셨어요. 그래 서 신랑이 인사를 하는 건 좋은데, 경비 아저씨가 당황하시는 것 같으니 너무 밝 게 하진 말자더라고요. 그래도 요새는 멀리서 저희를 보시면 "키가 커서 멀리서 봐도 누군지 알겠네!"라며 말도 걸어주시기도 해요.

이사 와서 엘리베이터를 다른 이웃이랑 탄 적이 거의 없었어요. 6천 세대 가 조금 안 되는 엄청난 동네에, 2만 명 정도가 살고 있다는데 그 많은 사람이 다 어디 있나 싶을 정도로 생각보다 사람을 너무 못 만났어요. 근데 이게 어쩌면 저 희가 둘 다 일찍 출근하고 늦게 퇴근해서 못 만나는 것일 수도 있겠다 싶더라고 요. 지난 월요일에 둘 다 휴가를 내고 혼인신고도 하고, 동네 병원도 가느라 계속 동네에 있었거든요. 마침 그날이 하나은행에서 금리를 많이 주는 이벤트를 한다 고 한 날이어서 혼인신고 한 날 의미 있게 적금을 들고 2년 후에 그 돈으로 같이 여행을 가든지 하자 해서 갔었어요. 근데 거기에 진짜 온 동네 아주머니들이 다 계시는 것 같더라고요. 거기 모인 분들끼리는 누구 엄마, 누구 엄마 하면서 친하

게 지내시는 분들도 있고, 동사무소 앞 정자에도 사람들이 있는 걸 보고 나서야 '아, 여기 진짜 사람 사는 동네구나!' 싶었어요. 사실 너무 당연한 건데, 사람들이 사는 시간에 내가 동네에 없었던 거라는 생각이 조금 들었어요. 저랑 비슷한 생활 방식을 갖고 있는 신혼부부나 2~30대 사람들이 뒤늦게 이 동네에 합류하려면 낄 데가 없는 그런 느낌일 것 같아요.

그동안 만났던 이웃들을 떠올려 보면, 올림픽 아파트에 처음 왔을 때 만났던 첫 번째 이웃이 정말 좋았어요. 앞집 언니가 있었는데 제가 창덕여고 후배가 됐고, 나중엔 대학 후배도 됐어요. 언니는 결혼하고 아기를 키우는데 지금까지도 서로 결혼식도 챙기며 지내고 있어요. 그 후에 올림픽 아파트 안에서 이사를 몇 번 했는데 다른 이웃들과는 별다른 교류가 없었어요. 예전에도 옆집에서 부스럭거리는 소리가 나면 우리 가족들도 조금 있다가 나가자고 얘기를 하셨어요. 지금도 저희 앞집에서 막 문 여는 소리가 들려서 인사해야지 하고 나가면 나오지 않으시더라고요. 마주치는 게 불편한 거죠. 벽 하나 사이에 두고 살면서 왜 마주치는 게 불편해야 하는지 잘 모르겠지만, 현실적으로 마주치는 게 불편은 하고…. 그런 게 불편하지 않은 삶을 살고는 싶은데 요새는 무서운 일들도 너무 많다고 하니까, 이웃끼리도 사기를 친다든지 도둑질을 하는 그런 일들이 실제로 있다고 하니까, 사람들이 다 방어적이 되는 것 같아요.

지금 같은 층에 사시는 앞집 아주머니는 저희랑 같은 시간대에 출근하셔서 자주 뵈니까 인사를 하긴 하는데 그 뒤에 대화가 이어진 적은 한 번도 없어요. 날씨 얘기를 하기도 뭐하더라고요. "갑자기 너무 더워졌죠?" 그러면 "네~"라고 하시니 무슨 얘기를 더 하겠어요? 그렇다고 하시는데. 하하. 아니시라고 하면 "아, 안 더우세요? 저희는 덥던데…."라도 할 텐데 "네~"라고 하시니까 더 할 말이 없더라고요. 아무래도 이웃들 간에도 얘기할 거리, 공통 관심사가 있어야 쉽게 친해지는 것 같아요. 친구 사이에도 그런데 이웃들 간에도 같이 이야기할 거리가 없으면 별로 말을 안 하게 되는 게 어떻게 보면 자연스럽기도 해요..

이 집은 당신에게 어떤 의미인가요?

집을 이렇게 하나씩 손보고 물건을 하나씩 사 넣으면서 꾸미다 보니 이 집에 대한 애정이 더 생긴 것 같아요. 원래 세팅이 다 되어 있는 상태에서 들어왔다면 감흥이 더 없었을 것 같아요. 처음에는 어차피 없어질 거로 생각했지만, 막상 내 집이 되고 나서 하나하나 애정을 갖고 꾸미고 나니까 벌써 여길 떠나야 한다는 것에 대한 아쉬움이 생기는 것 같아요. 보통 신혼부부가 신혼집을 떠나서 이사하는 거랑은 조금 다르게, 여긴 저희가 떠나고 나면 아예 모든 것이 흔적도 없이 사라지는 거잖아요. 우리의 첫 출발이 담긴 곳이 이 세상에서 아예 없어진다는 아쉬움이 있어요.

재미있는 건 저는 아직도 '우리 집'이라고 하면 여기가 아니고 올림픽 아파트예요. 제가 맨날 "나 퇴근하고 우리 집 갈게." 그러면 신랑이 "우리 집이 어디야?"라고 항상 그러거든요. 그래서 이제는 "퇴근하고 올림픽 갔다 올게." 그렇게 바꾸긴 했는데 '우리 집에 있어'라고 얘기하면 아직은 여기가 아니라 올림픽에 있는 거가 되더라고요. 신랑은 자취도 많이 해봤고 어쨌든 여기가 자기 힘으로 마련해서 그런지 이곳을 자기 집이라 생각하고 애정도 더 있는 거 같아요.

저도 말은 아직 그렇게 하지만 이 집에 오면 마음이 확실히 더 편안해지는 것 같아요. 결혼한 친구들이 얘기할 때 결혼하고 나면 엄마 집이나 시댁보다 자기 집이 편하다고 하던데 이제 저도 그게 무슨 얘기인지 알겠어요. 정말 집에 오면 편해요. 부모님 댁은 진짜 부모님 댁이었나 봐요. 왜냐하면 지저분하게 하고 있으면 잔소리를 하시잖아요. 결혼을 안 하더라도 독립해서 혼자 살면 자기 집이 편했을 것 같아요. 친구들이나 사촌 동생들 보면 부모님 댁에는 잠깐 들렀다가 가는 게 되고, 그 한 칸짜리 자기 자취방에 있는 걸 더 좋아하더라고요. 그게 잘 이해가 안 됐는데 이제 좀 알 것 같아요. 여기가 너저분하고 난리가 나도 짜증도 안 나고, 내 집인데 뭐 어때 하는 그런 편안함이 있어요. 어떤 식으로 있어도, 별다른 노력을 하지 않아도, 여기가 내 집이라는 이유만으로 마음에 편안함을 주는 공간이 집인 것 같아요. 진짜 이게 한 칸 방이든 아니면 만약에 제가 밖에서 떠돌아다닌다고 해도 거길 내 집이라고 생각하면 편안함을 느끼지 않을까 하는 생각이 들 정도로, 여기가 그냥 '내 집'이라는 이유만으로 편안해지는 거 같아요.

이곳이 재건축으로 사라지는 것을 어떻게 생각하시나요?

고등학생 때 어렸을 적 살았던 집이 너무 그리워서 예전 동네에 한 번 간 적이 있었는데, 단독주택 자리를 허물고 아주 작은 빌라를 세웠더라고요. 내 추억의 공간이 흔적도 없이 사라진다는 것에 대한 경험을 그때 이미 한번 했던 것 같아요. 사랑하는 사람이나 자식한테 '내가 살았던 곳이야'하고 보여줄 수도 있을 텐데, 그런 게 없어져 버리는 감정은 사실 말로 표현이 안 되거든요. 그 뒤로 그 동네에 다시는 안 가게 됐어요. '흔적도 없이 사라진다'라는 말이 생각보다도 더 충격적이더라고요. 정말로 흔적이 아예 없었어요. 여기는 단지니까, 이 건물이 있던 자리에 새로운 건물을 만드는 게 아니라 터 자체가 완전히 바뀌는 거잖아요. 그러면 지금 내 눈에 보이는 이 모든 것들이 한 번에 와르르 무너지는 게 되는 거죠. 아직 여기 산 지 얼마 안 됐는데도 불구하고 벌써 되게 먹먹한 기분이 들어요. 우리 가족의 첫 보금자리인데, 언젠가 제 자식이나 손자한테 엄마, 아빠는 이렇게 시작했고 이렇게 살았다고 말할 공간이 아예 없어진다는 게 가장 아쉬울 것 같고, 완전히 새로운 곳으로 바뀌어 버린다는 것에 대한 상실감 같은 게 클 것 같아요. 그런 것 때문에 억지로 정을 안 붙이려고도 할 수 있겠지만 그게 자기 맘대로 되는 건 아니니까요. 그리고 둔촌도 그렇고, 올림픽도 그렇고 나무가 이렇게 아름답게 조성된 곳은 잘 없잖아요. 어디 공원에 갈 필요도 없이 참 좋았는데 그런 것들이 매우 그리울 것 같아요. 이주를 언제 할지는 아직 모르겠지만, 누군가 시작하면 줄줄이 떠날 거라는 두려움도 있어요. 그래도 제가 1번 타자가 되고 싶지는 않아요. 처음엔 그냥 2년 살다 갈 거로 생각하고 들어왔지만, 이제는 이 집에 애정이 생겨서 재건축이 늦춰져서 조금이라도 더 살았으면 좋겠다는 생각이 들어요.

앞으로는 어디서 어떻게 살고 싶은가요?

재건축해도 우선은 친정 근처 동네에 머물게 될 것 같아요. 왜냐하면, 둘 다 회사에 다니고 있어서 딱히 절충안이 없거든요. 집을 구하게 된다면, 너무 크지 않은 단지에서 이웃들이 서로 소통할 수 있는 그런 곳이 될 수 있다면 참 좋을 것 같아요. 높지 않은 낮은 아파트들이 한 5동에서 10동 정도 있어서, 아기자기하게 다 같이 모여 사는 느낌이면 좋을 것 같아요. 막연히 동 수가 작으니까 이웃들이 좀 친밀하지 않을까 하는 기대지만, 또 막상 가서 살아보면 안 그럴 수도 있을 것 같아요. 어쩌면 현대의 사람들이 다 그렇게 살고 싶은 건 아닐 수도 있겠다는 생각도 들어요. 서로 모르니까. 익명이라서 편하게 살 수 있는 부분도 있는 거니까요.

어렸을 때부터 꿈꿨던 건 그런 거예요. 저랑 제일 친한 친구 네 명이 있는데 그중 한 명이 건축학과였어요. 그래서 맨날 우리끼리 4층 집을 지어서 한 층에 한 집씩 살자는 얘기를 했었어요. 그런 꿈을 가졌었는데 진짜로 집을 구하고 그럴 땐 그런 거에 대한 고려는 아예 하지 못했어요. 아무래도 예산과 교통편이 위주가 돼서 집을 골라야 하더라고요. 아, 이런 얘기 하니까 되게 울컥하네요. 친구들도 거의 결혼과 동시에 다들 멀리 갔거든요. 보통 1차로 대학교 입학할 때 싹 한번 이사를 하고, 또 2차로 남아 있던 아이들도 결혼할 때 다 나가더라고요. 저는 그나마 친정에 가까이 있는 상황이라 친구들이 친정에 오면 연락해서 만날 수 있긴 하지만 이제 자주 보지는 못하죠. 정말 다음번에 집을 고른다면 사람들하고 소통할 수 있는, 사람 사는 느낌이 드는 그런 곳에 살고 싶다는 생각을 해요.

" 정말 다음번에 집을 고른다면 사람들하고 소통할 수 있는
사람 사는 느낌이 드는 그런 곳에 살고 싶다는 생각을 해

할머니의 빈 집

309동

김효정 1935년생 / 한기린 1990년생 (손자)

둔촌주공아파트 1년 거주 (2014.12~2015.11)

노환으로 자녀들이 있는 서울로 오게 됨
간병인과 함께 지내다 요양병원에 입원하시면서 집을 비우심

둔촌주공아파트에는 어떻게 오게 되었나요?

이 집은 저희 할머니가 살고 계시는 집이에요. 저희 할머니는 원래 강원도 정선에 살고 계셨는데, 나이가 드시고는 몸이 편찮으셔서 가끔 할아버지랑 같이 서울에 올라오셔서 재활 병원에 들어가셨다가 다시 정선에 돌아가시는 걸 반복하셨어요. 그러다가 할아버지께서 아예 회복할 수 없는 상황이 되어서 퇴원을 못 하시게 됐어요. 할머니를 정선에 혼자 계시게 하는 것이 마음에 걸리고, 무슨 일이 생겨도 거리가 있다 보니 바로바로 뭔가 해드리기가 어렵잖아요. 할머니가 몸이 많이 안 좋으실 때는 이모가 3시간 반을 운전해서 정선까지 가셨거든요. 그게 너무 힘들고 걱정도 되고 하니까, 할머니는 끝까지 본인의 삶의 터전을 옮기는 걸 반대하시긴 했는데, 겨우 설득해서 결국 서울로 모시고 왔어요. 서울에서도 안전하고 살기 좋은 곳으로 이사해야 하다 보니 둔촌동을 선택하신 것 같아요. 예전에 우리 집이랑 이모네가 다 여기 살았었거든요. 여기가 얼마나 살기 좋고, 공기도 좋은지 다 아시니까 이쪽으로 모시고 오게 된 것 같아요. 그래서 2014년 12월 겨울에 이사를 오셨어요. 그런데 지금은 건강이 안 좋아지셔서 작년 2015년 11월에 병원에 입원하신 이후로 계속 비어있어요.

여기서 어떻게 살았고, 어떤 기억을 갖고 있나요?

할머니가 이 집을 좋아하셨는지는 사실 모르겠어요. 이 집에 대해서 특별히 언급하거나 그러신 건 없었거든요. 할머니가 이 집에 오셨을 땐 거동이 매우 힘드신 상황이었기 때문에 본인이 이 집을 꾸미거나 할 상황이 전혀 아니었고, 거의 누워서 지내시고 바깥 외출도 잘 안 하셨어요. 엄마랑 이모가 자주 오시고, 주로 도우미 아주머니가 집에 같이 계시면서 챙겨 드렸어요. 목욕 같은 건 일주일에 두세 번 목욕차가 와서 해주셔서 나갈 일은 거의 없었던 것 같아요. 그나마 여기 복도가 기니까 가끔 보행기를 잡고 한두 번 왔다 갔다 하면서 운동을 하셨어요. 한번은 제가 놀러 왔을 때 도우미 아주머니께서 할머니가 운동하셔야 한다고 하도 그러셔서 제가 복도로 모시고 나가서 운동했었어요. 할머니는 원래 한 번만 하고 그만한다고 하셨는데 제가 막 졸라서 한 번 더 가셨던 기억이 나요.

할머니, 할아버지가 원래 사시던 집은 단독주택이었는데 연세가 드시니까 오래된 건물을 관리하고 손질하는 게 좀 고생스러웠어요. 그래서 엄마랑 이모가 설득해서 정선에 있는 아파트로 이사했었어요. 근데 그 아파트는 할머니, 할아버지가 지내시기에는 좀 어색했던 것 같아요. 아파트가 동네 가운데에 있는 것도 아니고 좀 멀리 떨어져 있어서 주변 친구분들도 잘 못 만나게 되고, 몸도 안 좋으셔서 강 건너까지 가실 수 있는 상황도 아니시다 보니 매우 외로우셨겠구나 싶어요.

할아버지도 병원에 입원하시기 전에 이 집에 오셨으면 참 좋았겠다는 생각을 해요. 아마 그랬으면 더 많이 찾아뵙고 좋았을 텐데…. 아무래도 정선은 물리적인 거리가 제약이어서, 제가 손자 중에서는 자주 가는 편이었는데도, 일 년에 한 네다섯 번 밖에 못 간 거 같아요. 확실히 기억나는 건 중학교 때부터 중간고사 끝나면 무조건 다녀왔어요. 그래서 할머니가 여기로 오셨을 때 되게 반가웠어요. 저는 어릴 적에 둔촌주공에 살다가 지금은 잠실 파크리오에 살고 있거든요. 어차피 차 타면 대중교통으로 20분이면 올 수 있는 거리라서, 사람이 아무리 바쁘다고 하더라도 여기 정도 올 수 있는 짬은 되니까 자주 찾아뵐 수 있어서 좋았던 거 같아요. 특별한 일들이 있었던 건 아니지만, 그래도 할머니는 제가 많이 찾아와서 보고, 이야기도 나누고, 노래도 틀어드리고 그런 소소한 재미와 즐거움이 있지 않으셨을까 싶어서 다행이라는 생각이 들어요. 그리고 진작부터 여기 살고 계셨으면 좋았을 텐데 하는 아쉬움도 많이 남아요. 할아버지는 심지어 이 집은 구경도 못 하셨으니까요.

저기 거실 벽에 붙여놓은 건 할머니 핸드폰의 단축번호예요. 이게 원래 할아버지가 쓰시던 핸드폰이어서 1번은 옛날 정선 집, 2번은 할머니 번호, 그리고 3번부터 6번까지는 엄마네 4남매, 그다음에 손자들 번호인데, 이걸 제가 해드렸거든요. 그래서 사실 저는 손자 중에 막내인데 저를 제일 먼저 하고 싶어서 7번에 제 이름을 썼어요. 그리고 여기 살고 계셨을 때는 도우미 아주머니를 1번으로 했었어요. 정말 잘해주셨거든요.

10. 정의롱
11. 정의준
12. 반병섭
13. 윤경중
14. 김진수
15. 김인수

1. 조윤휘

3. 정의철
4. 정의성
5. 정정의영
6. 정정의현
7. 한기린
8. 전상회
9. 전형우

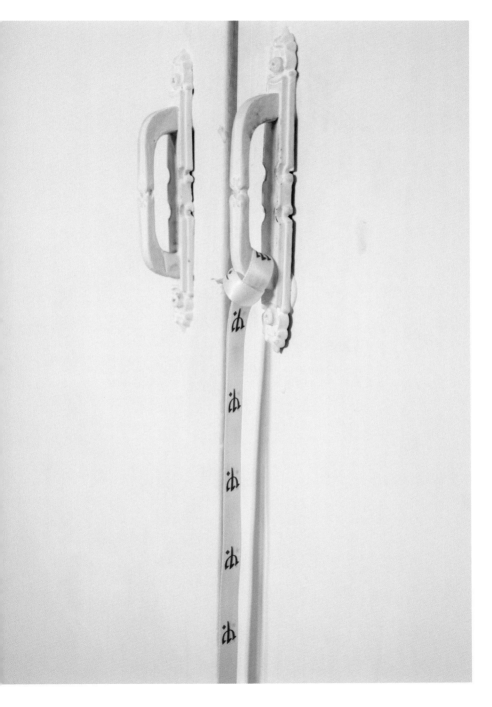

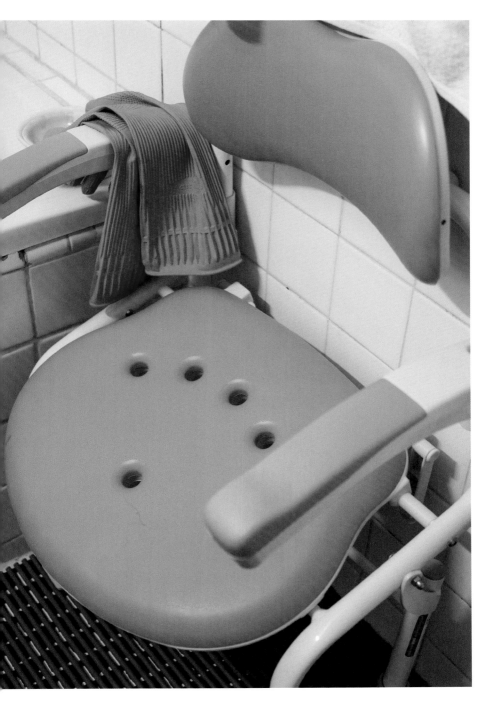

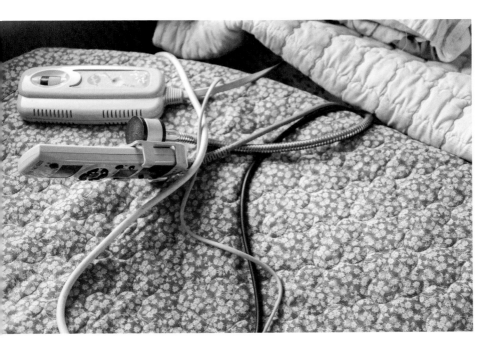

할머니는 깔끔하시고 그 시대에는 '신여성'의 느낌이었던 것 같아요. 원래 강릉에서 되게 부잣집 딸이셨다더라고요. 그 당시에 증조할아버지가 일본 유학도 갔다 오시고 바이올린도 켜셨다고 하니까. 근데 6·25 때 집안이 완전히 망했다고 해요. 그래도 어렸을 때 그런 교육을 받아서 그러신지 되게 점잖으셨어요. 정말로 '점잖다'라는 말이 잘 어울리시는 분이었던 것 같아요.

근데 그랬던 할머니가 60~70세까지는 할아버지한테 되게 고분고분하시다가, 나이가 드시니까 할아버지한테 맺혔던 한이 폭발하면서 불만이 터져 나와 버린 거죠. 한 번도 그런 적이 없으시다가 갑자기 그러니까 할아버지도 그게 너무 생소하셨는지 그때부터 건강이 급격하게 나빠지셨어요. 할머니는 막판에는 이혼하네 마네 하시면서 그렇게 싫어하셨으면서, 막상 할아버지가 돌아가시니까 정말 많이 슬퍼하셨어요. 지금도 가끔 할아버지 얘기하다 보면 너무 미운데 보고 싶다고 하시더라고요. 어떤 감정인지는 솔직히 잘 모르겠는데, 미운 정이 든 것 같아요.

최근에 있었던 일화는 할아버지가 돌아가셨을 때 삼베 수의를 입혀드리잖아요. 염을 하시는 분이 자기가 지금까지 염을 하면서 이렇게 좋은 삼베는 잘 못 봤다고, 정말 세 손가락 안에 들 정도로 좋은 거라고 말씀을 하시면서 이거 어디서 났느냐고 물어보시더라고요. 나중에 할머니한테 여쭤보니까 2000년 중반쯤에 정선에서 삼베를 직접 손으로 만드시는 분이 계셔서 찾아가 보셨대요. 직접 보니까 정말 좋았는데 사려고 보니 너무 비싸서 고민하다가 그래도 지금 아니면 이렇게 좋은 건 못 사겠다 싶어서 할아버지 것만 좋은 걸 구매하고 할머니 거는 그냥 중국산으로 사셨다고 하더라고요. 그렇게 미워하시면서도 그렇게 챙기셨던 것 같아요.

할아버지가 돌아가시고 나서도 할머니가 한동안 우셨는데, 그래도 할아버지께서 마지막으로 할머니한테 사랑받고 가시지 않았냐, 할아버지도 복 받은 거고, 할아버지도 충분히 아실 거라고 위로해드리는데 참 뭉클해지더라고요. 안방에 걸려있는 저 옷이 할아버지 옷이었는데 작년에 할아버지가 돌아가시고 나서 할머니가 이걸 입고 계시더라고요.

이 집은 당신에게 어떤 의미인가요?

이곳이 재건축으로 사라지는 것을 어떻게 생각하시나요?

이제 이 집이 비어있은 지 반년 정도 됐어요. 사실 작년에도 한 달 정도 병원에 입원하신 적이 있어서 이번에 입원하실 때도 평소처럼 조금 입원하시다가 몸 상태가 다시 좋아지시면 돌아오시겠지 생각했는데 그냥 누워버리시더라고요. 그리고 아직 돌아오시지 못하고 있어서 이렇게 비어있는 채로 놔두고 있어요. 냉장고도 안 쓰니까 안에 들어있던 걸 다 빼고 청소해 놓았고요.

이 집이 지금은 비어있지만, 여전히 할머니 냄새가 나요. 어릴 적에 시골 정선 집에 가면 났던 냄새가 있는데 이 집에 오면 그때 그 집 냄새가 나는 거 같아서 좋아요. 그래서 나중에 이 집을 떠올리면 할머니 냄새가 많이 기억날 것 같아요. 결국 집이라는 곳은 거기에 사는 사람의 특징이 묻어나는 곳인 거 같아요. 할머니가 이 집을 직접 손보시거나 그러진 않았지만 여기 있는 물건들은 다 할머니가 고르셨던 거고, 할머니의 생활이 다 반영된 공간이어서 여길 오면 우리 할머니가 어떤 분이셨는지, 우리 할아버지는 어떤 분이었는지 그런 걸 조금 더 알 수 있는 것 같아요. 그래서 집구경을 하는 건 재미있는 일인 것 같아요. 할머니가 안 계시니까 그 뒤로는 저도 거의 안 왔었는데 막상 이렇게 오니까 자주 와야겠다는 생각이 들어요.

"이 집에 오면 그때 그 집 냄새가 나는 거 같아서 좋아요.
그래서 나중에 이 집을 떠올리면
할머니 냄새가 많이 기억날 것 같아요."

강동대리점 T.482-3663

나에게 영감을 주는
나를 닮은 집

418동

김청림 1989년생

둔촌주공아파트 7년 거주 (2010.1~2016.5)

부모님과 본인, 남동생의 4인 가정으로 살다가
한동안 1인 가정으로 지내다가 2016년 5월 다른 곳으로 이사

둔촌주공아파트에는 어떻게 오게 되었나요?

　저는 2010년부터 둔촌주공아파트에 살게 돼서 지금 7년째 살고 있어요. 여기 오기 전에는 이사를 진짜 많이 다녔어요. 제가 아주 어릴 때 14년 동안 살았던 집이 있었고, 그 이후로는 1~2년에 한 번씩 계속 이사를 했어요. 어릴 적 살던 집 다음으로 길게 살게 된 집이 이 집이에요. 여기 오기 전에는 둔촌주공아파트를 전혀 몰랐어요. 제가 재수하고 있을 때였는데 부모님이 다 이사를 해 놓으시고 여기로 오라고 하셔서 그냥 그런가 보다 하고 왔어요. 그동안 이사를 너무 자주 다녔으니까 그게 별로 이상한 일이 아니었어요. 이 집에 처음 올 때 둔촌역에 내려서 집을 찾아가야 하는데 418동이 어디 있는지 잘 모르겠는 거예요. 사람들한테 418동이 어디냐고 물어봐도 정확히 아는 사람이 아무도 없고, 경비아저씨도 모르시고, "418동은 모르겠고, 저기로 가면 421동이 나오는 건 알아." 뭐 이런 식이어서 결국 엄마가 데리러 나오셨던 기억이 있어요. 그 뒤로도 한동안은 둔촌역에 갈 때도 사람들한테 물어보며 다녀야 했던 기억이 나요.

여기서 어떻게 살았고, 어떤 기억이 있나요?

　이 집에서는 부모님하고 저, 동생 이렇게 네 명이 같이 살다가 부모님이 지방으로 발령 나고, 귀농하시고, 동생은 유학 가고 그러면서 이 집에 저 혼자 남아서 살게 된 지는 한 1년 정도 됐어요. 가족들이 한 번에 '뿅'하고 사라진 게 아니라 순차적으로 한 명씩 짐을 싸서 떠나는 식이다 보니까 외롭다기보다는 뭔가 땅따먹기처럼 내 공간이 점점 넓어지는 느낌이었던 것 같아요. 그리고 원래 제 방이 옛날 창틀이 그대로 있고, 벽 두 면이 외벽이라 정말 춥거든요. 그래서 겨울에는 방 안에서도 패딩을 입고 어그 부츠를 신고 있어야 할 정도라서 힘들었는데, 가족들이 하나 둘 나가고 나니까 겨울에 따뜻하게 잘 수 있는 방이 생겼다는 생각에 무척 좋았던 것 같아요. 저는 어릴 때부터 독립하는 것에 대한 로망이 있었거든요. 내 집, 내 공간을 갖고 싶다는 생각을 많이 했었어요. 나중에 내가 어떤 집을 지을지, 어떻게 꾸밀지를 모은 스크랩북도 있어요. 그렇지만 한 번도 그런 로망을 펼쳐 볼 공간이 없었고, 뭘 해봐야지 하는 계기도 없었거든요. 그래서 이 공간이 완전히 제집이 되었을 때 정말 좋았어요.

저는 집이 저한테 영감이 되는 공간이 되었으면 좋겠어요. 그리고 내가 온전히 나 일 수 있는, 나를 닮은 그런 공간이었으면 좋겠어요. 밖에 나가면 우리는 다 사회인의 가면을 쓰게 되잖아요. 어떤 직업을 가진 사람, 누군가의 동료, 친구 같은 역할들을 다 벗고 온전히 나로서 있을 수 있는 곳이 바로 집인 것 같아요. 제가 좋아하는 건축가 중에 훈데르트 바서라는 오스트리아 건축가가 있는데 그 사람이 했던 말 중에 사람은 평생 3가지의 껍데기를 입고 살아가는데, 첫 번째가 자기 피부고, 두 번째가 자기 옷이고, 세 번째가 자기 공간이래요. 그 세 가지를 보면 그 사람을 알 수 있다고 그랬거든요. 제가 있는 공간이 뭔가 그러한 느낌을 가진 집이 되길 바랐어요. 집이라는 공간이 나를 닮았으면 좋겠고, 또 당연히 그렇게 될 수밖에 없을 것 같았어요.

　　가족들이 한 명씩 떠나가고 혼자 남게 되면서 이 집이 온전히 제집이 되긴 했지만, 사실 생활하느라 바쁘다 보니 집에 신경 쓸 겨를이 없었어요. 그러다 어느 날 집에 딱 들어왔는데 너무 낯선 집에 들어가는 느낌이 나는 거예요. 일단 사람 소리가 하나도 없어서 고요하고 적막했고, '내가 정말 여기에 살고 있나?' 싶은 낯선 느낌이 들어서 싫었어요. 그때부터 제가 집에 대해서 갖고 있던 로망들을 떠올리고, 내 느낌이 나는 걸 꺼내 놓고, 벽에 붙여 놓고 그러면서 이곳을 제 공간으로 만들어 나갔던 것 같아요.

　　원래 제가 쓰던 방은 여행을 다녀왔던 추억과 좋아하는 것들을 모아 놓았어요. 벽에 붙어 있는 지도는 처음 외국을 나갔었던 2001년부터 지금까지 다녔던 나라들을 표시해 놓은 건데, 언젠간 이걸 다 칠할 수 있겠지? 하며 열심히 돈을 모으는 원동력이 되어주는 거죠. 그리고 제가 외국어를 잘하고 싶은데 이 지도를 보면 '한국어를 하면 4천만 명이랑 얘기할 수 있고, 영어를 하면 30억 4천만 명이랑 얘기할 수 있고, 거기다가 중국어까지 하면 더 다양한 사람들의 생각을 알 수 있겠다.' 이런 생각을 자극해주기도 해요. 그리고 저는 에펠탑 자체보다 에펠탑이 지어지는 과정이 더 인상 깊더라고요. 이게 처음 만들어지던 당시에는 흉물이었는데, 지금은 사람들이 파리에 에펠탑을 보려고 찾아가잖아요. 지금의 가치가 절대불변의 가치는 아니라는 걸 생각하게 해주는 것 같아서 좋아하는 이미지예요.

안방은 제가 침실로 쓰고 있는 방인데 여기에도 좋아하는 그림들을 가져다 붙여놨어요. 우리가 흔히 중세시대라고 하면 별거 없었을 것 같이 생각하잖아요. 교회나 가고 우유나 짜고 그렇게 살았을 것 같은데 저 당시 사람들도 뭔가 페르소나 가면을 쓰고 살았다는 걸 그려놓은 그림이 인상적이었어요. 이 방이 원래 부모님이 쓰시던 방이라서 부모님이 고른 무거운 느낌의 가구들이 있어요. 사군자가 가득한 건 부모님의 것이고, 제가 꾸며 놓은 공간은 그 반대편인데, 처음 이 공간을 보시는 분들은 이 둘을 이질적이라고 느낄 수 있는데, 저한테는 늘 같이 있었던 것들이라서 그렇게 이상하게 안 보이더라고요. 동시에 저라는 사람도 이렇게 만들어져 가고 있는 게 아닌가 하는 느낌이 들어요.

거실 한쪽 벽면은 뭔가 바꾸고 싶을 때마다 여행하면서 모은 포스터나 엽서 같은 걸 마음 가는 대로 붙여 놓고 있어요. 지금 붙어 있는 클림트 그림은 봄이라서 저렇게 알록달록한 색감이 좋아서 붙여 뒀어요. 왼쪽 여자 모델은 그 당시에 오스트리아에서 작은 극단의 연극배우였던 분이라고 하고, 오른쪽 그림은 클림트 그림 중에서 제일 좋아하는 그림인데 알고 보니까 그 시대의 신여성, 모던걸이었다고 하더라고요. 그때는 보통 비단 드레스 같은 걸 입고 다니던 시절이었는데 저분은 저렇게 원색 프린트에 퍼 목도리, 쇼트커트에 화장기 없는 얼굴이었던 거죠. 요즘 뭔가 매력이 있는 한 사람의 성인여성으로 거듭나는 것에 대해서 관심이 많아서 저 그림들을 붙여 놨어요.

식탁 옆에는 예술에 대한 제 열망을 담은 그림 코너예요. 따로 배우거나 하진 않았지만 그림을 그리는 것에 관심이 많거든요. 가끔 그림을 그리고 싶을 때면 여기서 갖고 있는 도구로 뭔가를 그려요. 위에 2016년이라고 쓰여 있는 건 저희 동 앞에 있는 화단에 올봄에 폈던 꽃들을 그려 놓은 거예요. 그 밑에 있는 고양이는 초등학교 다닐 때 캐릭터 디자이너가 꿈이어서 만들었던 캐릭터인데, 크레파스로 칠하고 신문지를 구겨 넣어서 만든 거예요. 초등학교 때 개발했던 사인에 이 고양이 캐릭터가 들어갔던 게 기억나요. 아끼는 거라 여태까지 잘 가지고 다니고 있어요. 그리고 벽에 걸린 그림은 집에 있던 난초에 꽃이 폈는데, 정말 드물게 핀다고 한 게 인상이 깊어서 만들었던 거예요. 그때는 나름 초등학생이지만 잘 만들었다고 스스로 생각하면서 만족했던 기억이 나는데, 지금 보면 그때의 어리고 순수한 느낌이 나서 좋은 거 같아요.

거실에는 제가 레고 덕후라서 레고로 만든 걸 많이 전시해 놓았어요. 레고가 사고를 확장해 주잖아요. 이거 위에 저걸 붙여도 되고 완전히 새로운 걸 만들어도 되는 게 매력 있어서 시작했는데, 요즘은 뭔가 사람들이 살아가는 모습이 미니어처로 꼬물꼬물 있는 게 귀여워서 좋아하는 거 같아요. 레고를 책장에 전시하기 전에는 다 책으로 꽉 차 있었어요. 두꺼운 전공 책들이 많아지고 레고도 많아져서, 작은 책이 점점 더 밀려나 이제는 여기저기 바닥 같은 곳에 쌓여있어요. 그래도 책 욕심도 있어서 차마 버릴 수는 없더라고요. 물론 이 집이 오래된 집이라서 녹물이 나온다거나 창문 아귀가 잘 안 맞는다거나 하는 여러 가지 불편한 점이 있어요. 특히 욕실 문이 아귀가 잘 안 맞는데, 그게 오래 살다 보니까 손목 스냅을 잘 이용하면 한 번에 탁 닫히게 할 수 있더라고요. 그렇게 한 번에 문이 닫힐 때 쾌감도 있고 좋아요.

제가 노란 불빛을 좋아하는데, 거실에 있는 등 두 개는 낮에 햇빛을 먹고 저녁에 빛을 내는 등이에요. 낮에 그냥 이렇게 흔들거리고 있는 것도 좋고, 밤에는 뭔가 낮의 기운이 남아있는 느낌이 드는 것 같아요. 저녁에는 조그마한 작은 불을 켜놓고, 초도 켜놓고, 라디오를 듣기도 하고, 불을 다 꺼놓고 별 모양 조명만 켜놓으면 우주에 있는 것 같은 느낌이 들어서 그걸 켜놓고 혼자서 혹은 사람들이랑 차 마시면서 얘기하는 게 이 집의 매력인 거 같아요. 사람들이 놀러 오면 골라서 마실 수 있게 '티' 코너를 따로 만들어 놨어요. 각종 차와 주전자, 컵들이 메뉴판과 함께 있는 일종의 접대용 공간이에요. 친구들을 집에 초대한다는 게 사실 요즘은 낯선 개념이잖아요. 근데 집에서 놀아보면 집에서 노는 그 특유의 편안함이 있고, 서로를 더 잘 알 수 있어서 좋은 것 같아요. 그래서 재방문율이 매우 높은 편이에요. 하하.

집 안뿐만 아니라 주변 환경도 정말 좋아하는데, 우리 집이 서향이라서 해가 지면 집 안으로 깊숙이 드는 햇볕이랑, 그럴 때 창가에 둔 화분들이 그림자를 만드는 것도 예뻐요. 아파트 단지 뒤에 있는 절에서 애매하게 배가 고픈 저녁 시간에 들리는 종소리도 좋아해요. 저희 동 앞에 1층 아주머니가 심어놓으신 야생화들도 예쁘고, 저희 동네에 점박이 고양이가 한 마리 있는데 걔가 임신한 걸 보고 온 동네 사람들이 비도 막아 주고, 고양이 숙소를 만들어주면서 엄청 신경 써 줬거든요. 그 점박이 고양이가 왔다 갔다 하는 것도 반갑고 좋아요. 걔가 사람을

안 무서워해서 눈 키스도 잘해주거든요. 옥상에 이불을 널어놨다가 햇살 냄새나는 뽀송뽀송한 이불을 갖고 내려오는 것도 좋고, 집 뒤로 이어져 있는 메타세쿼이아 길을 햇살 좋은 날에 산책하는 것도 좋아해요. 정말 이 집, 이 동네에는 사랑할 수밖에 없는 것들이 너무 많은 것 같아요. 친구들이 집에 오면 같이 메타세쿼이아 길도 산책하고 그랬어요. 그러면 다들 이런 곳이 있었냐며 놀라면서 이 아파트 단지의 매력에 같이 빠져들었어요.

이곳이 재건축으로 사라지는 것을 어떻게 생각하시나요?

우리 집에서는 어떤 창문을 열어도 초록색이 절반 이상 보여요. 새소리도 늘 들리고, 햇빛도, 바람도 늘 집을 지나가서, 아파트에 살고 있지만 숲속에 사는 것 같은 느낌을 받아요. 여기는 수종도 다양하고 정말 많은 나무가 있는데 그런 것들이 재개발되면 구제되지 못하고 사라진다는 게 제일 아쉬워요. 여기가 사라지면 아마 이번 인류는 아파트 단지에서는 이런 걸 다시 맛보지 못할 거예요. 이런 느낌의 아파트는 아마 다음에는 절대 생기지 못할 것 같거든요. 왜냐하면 일부러 만들 수가 없으니까요. 여기 사람들은 이런 자연 속에서 살아서 그런지 여유가 있는 것 같아요. 날카롭지 않고 따뜻한 느낌이 나는 사람들이 많은데 이제 그런 것과도 멀어지게 된다는 게 아쉬운 것 같아요. 한편으로는 아무 변함없이 그대로 영원한 건 어차피 없는 것 같아요.

사실 제가 얼마 전에 사귀던 사람과 헤어졌는데, 일도 하고, 연애도 하고 그러다 보면 쉬는 때라는 게 별로 없잖아요. 바빠서 한동안 사람들도 제대로 못 만났어요. 그런데 어느 날 모든 게 딱 중단이 되고 나니까 비어버린 일상에서 '어, 그럼 이제 뭘 해야 하지?' 하는 생각이 들었어요. 뭔가 내가 해오던 것, 나의 냄새가 나는 걸 좀 더 스스로 채워야겠다는 생각이 들었어요. 힘들고 슬픈 일을 겪고 보니 그럴 때 곁에서 힘이 되어주는 사람이 결국 남는 거고, 그들이 진짜라는 것을 깨닫게 되면서 내 사람들을 더 챙겨야겠다고 생각했어요. 그전까지는 사실 집에 오면 제 취향이라든지, 제가 어떤 생각을 하는지가 다 보이니까, 집은 개인적인 공간이라고 생각해서 오픈하는 것이 조심스러웠는데, 곁에 있어 준 사람들에겐 오히려 이런 거를 기꺼이 공유할 수 있겠다는 생각이 들어서 그때 이후로 초대를 많이 했어요. 마음의 문이 오히려 열린 거죠. 그리고 곧 이사하니까 아쉬운 마음에 이 좋은 걸 같이 즐기고 싶었던 마음도 있었어요. 요즘 집에 친구를 초대

한다고 하면 신혼 때 집들이로 가는 경우가 아니면 거의 없는데, 그럴 때면 다들 새로 입주한 집이라서 모델하우스 같잖아요. 그런데 제집은 사람 냄새가 나고, 저라는 사람이 어떤 사람인지 잘 볼 수 있어서 좋다고, 집에서 이렇게 노는 게 정말 좋다고 친구들이 얘기해 주더라고요.

앞으로는 어디서 어떻게 살고 싶은가요?

이제 곧 이사하는데, 남쪽에 바닷가 쪽으로 가요. 완전히 바다 옆은 아니지만 차 타고 20분만 나가면 바다가 있는 곳이에요. 완전히 새로운 환경에서 독립적인 성인 여성의 삶을 한번 만들어 보는 게 꿈이에요. 여러 가지 개인적인 일들을 겪으면서 내가 나로서 서 있는 게 정말 중요하다는 걸 깨달았어요. 거기도 저를 닮은 집이 될 텐데 아마 이 집이랑은 비슷한 듯, 또 다른 듯한 집이 될 수 있겠죠. 그런 걸 기대하면서 이사를 할 거 같아요. 이사를 한다는 게 이제는 너무 낯설지만 거기서도 다시 잘 살기를 바라야겠죠.

"제집은 사람 냄새가 나고,
저라는 사람이 어떤 사람인지 잘 볼 수 있어서 좋다고,
집에서 이렇게 노는 게 정말 좋다고
친구들이 얘기해 주더라고요."

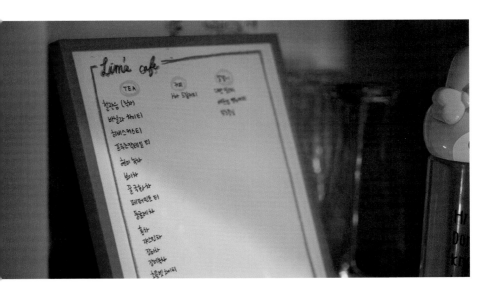

적응 適應 / 여섯 번째 집 /

흔들리는 나를 잡아준 삶의 기준점

307동

이인규 1982년생

둔촌주공아파트 17년 거주 (1982~1998 / 2008~2009 / 2014~2016 현재)

어릴 적 할머니, 부모님, 오빠와 본인 5인 가정으로 둔촌동에 살다가
지금은 고양이 3마리와 살아감

둔촌주공아파트에는 어떻게 오게 되었나요?

저는 둔촌주공아파트에서 태어나서 중학생 때까지 이 동네에서 살았어요. 5살 때 부모님을 따라 잠시 외국에서 2년 정도 산 적이 있는데, 그때 너무 낯선 곳에 갔던 것이 어린 마음에 좀 충격이었나 봐요. 다시 한국에 돌아왔을 때 둔촌주공아파트의 하얀 건물을 보고 '아, 내가 아는 곳에 왔다.'라는 안도감을 크게 느꼈던 기억이 나요. 그 뒤로는 한동안 익숙한 동네에서 살면서 초등학교, 중학교에 다녔고, 정말 안정감 있게 살았던 거 같아요.

그러다가 중학교를 졸업할 무렵에 부모님이 할머니를 모시고 살려고 하남에 좀 큰 평형의 아파트를 분양받으셨어요. 부모님은 그게 처음으로 산 집이어서 각별한 애정을 갖고 계셨고, 아파트가 지어지는 모습을 보러 가는 걸 좋아하셨어요. 차로 수십 분을 가야 나타나는 허허벌판 위로 올라가고 있는 건물을 보면서, 저기가 우리 집이 될 거라고 하실 때마다 솔직히 너무 싫었어요. '저게 뭐야…. 둔촌동을 왜 떠나….' 그때도 둔촌동을 떠나기 싫다는 생각을 했어요. 그래도 어쨌든 부모님을 따라 이사하게 됐고, 이사하던 날, 제 방에서 많이 울었던 기억이 나요. 아직도 그때를 생각하면 너무 슬픈데, 그게 어떤 마음이었는지를 곰곰이 생각해보면, 진짜 이해가 안 가는 상황에서 내 힘으로는 아무것도 못하는 것이 가장 슬펐던 것 같아요. 제가 그 방을 정말 좋아했었는데 아무것도 제 힘으로는 지킬 수 있는 것이 없었어요. 그 방한테 내가 꼭 다시 돌아오겠다는 말을 남기고 떠났어요.

이사를 하긴 했는데 고등학교는 계속 둔촌동으로 다니니까 하남 집은 진짜 잠만 자는 그런 집이 되어버렸어요. 학교라도 차라리 하남으로 가서 그 동네 애들도 사귀고 그랬으면 거기서도 뭔가 추억이 생겼을 텐데, 기억나는 게 정말 하나도 없어서 그런지 지금도 그 동네에는 애정이 없어요. 그러다가 대학교 4학년 때 학교 앞에서 처음으로 자취하게 됐는데, 그땐 학교 친구들도 많고, 학교도 가까워져서 정말 좋았어요. 결국, 저한테는 집 자체도 중요하지만 좋아하는 사람들과 같은 생활권을 공유하며 사는 것이 중요하다는 생각을 그때부터 하게 된 것 같아요.

몇 년 후 회사에 다니고 있을 때 부모님이 양평으로 들어가 버리셔서 다시 자취하게 됐고, 강남에 있는 회사에 다니면서도 계속 이쪽 동네, 그러니까 강동, 송파 언저리에서 살았던 것 같아요. 그러다가 돈이 너무 많이 들기도 하고, 혼자 사는 것이 좀 무섭기도 해서 둔촌주공아파트에 살고 계시던 이모네로 들어와서 같이 살게 됐어요. 재미있는 건 어릴 적에 제가 살았던 바로 그 집에서 이모네가 이어서 살고 계셔서, 다시 돌아오겠다고 했던 약속을 진짜로 지키게 돼서 정말 기뻤어요. 그때는 이모가 참 알뜰살뜰하게 챙겨주셨고, 퇴근하고 오면 저보다 나이가 한참 밑인 사촌 동생과도 잘 놀았어요. 살면서 가족의 울타리 안에 있다는 느낌을 받았던 건 다 둔촌주공아파트에 살 때였던 거 같아요. 그러다가 안타깝게도 이모부 사업이 안 좋아져서 결국은 모두 다 그 집을 떠나게 되었어요. 그때도 이미 재건축이 당장 시작될 것 같은 분위기여서 아파트값은 엄청나게 비쌌고, 사회 초년생이다 보니 모아놓은 돈도 없어서 여기에 저 혼자 따로 들어온다거나 하는 것도 가능하지 않았어요. 그래서 '아, 이제 나가면 여기에 못 돌아오겠구나, 이걸로 이곳과 나의 인연이 끝나는 거구나.' 싶어서 이삿짐이 빠지고 비어 있는 집을 사진으로 찍었던 것이 제가 이곳을 기록해야겠다고 생각하고 남긴 첫 번째 기록이었어요. 그게 2009년의 일이었어요.

그 뒤로 정신없이 바쁘게 살다가 어느 순간 도대체 내가 뭐하며 사는 건가 싶을 때면 둔촌주공아파트에 찾아왔어요. 저에게 둔촌동, 둔촌주공아파트라는 곳은 제가 돌아와야 하는 어떤 기준점인 것 같아요. 삶이 불안할 때마다 여기에 왔고, 그때마다 많은 위로를 받고 갔던 것 같아요. 이곳은 불안하지 않은, 안정적인 내 모습에 대한 기억을 간직하고 있는 그런 곳인 것 같았어요. 올 때마다 이곳은 늘 한결같이 평화롭고 포근해서 무거운 마음을 내려놓고 편히 쉴 수 있는 곳이었어요.

처음 기록을 남기고도 작업을 바로 시작하지 못하다가 2013년에서야 <안녕,둔촌주공아파트>라는 책을 만들었어요. 책을 만들던 시점에도 이미 건강이 좋지는 않았는데, 이런저런 안 좋은 일들도 계속 겹쳐서 몸과 마음이 많이 망가졌고, 너무 괴로워서 당장 저를 안정시킬 수 있는 뭔가가 필요했어요. 그래서 2014년 겨울에 둔촌동으로 다시 돌아가서 살자는 생각을 하게 됐어요. 2009년에 여기를 떠날 때만 해도 정말 곧 없어질 줄 알았는데 다행히 아직도 재건축이

안 되고 있었거든요. 게다가 재건축을 코앞에 둔 상황이라 서울에 있는 아파트 치곤 쌌어요. 참 다행이었죠. 지금 사는 이 집을 처음 보러 왔을 때 정말 추운 겨울이었는데, 대문을 열자마자 앞이 탁 트이고 따뜻한 햇볕이 베란다 가득 들어오는 게 마음에 들어서 보자마자 바로 계약을 했어요. 그렇게 둔촌주공아파트와 저의 끈질긴 인연이 다시 이어졌어요.

여기서 어떻게 살았고, 어떤 기억이 있나요?

우리 집에서 <안녕,둔촌X가정방문> 촬영을 하던 때가 이사 온 지 1년이 채 안 됐을 때였어요. 그때는 제가 상태가 많이 안 좋아서 이사해놓고도 거의 손을 대지 못해서 처음에는 뭔가 너무 휑하고 내 집이 아닌 것 같은 느낌이 많이 들었어요. 둔촌주공아파트를 떠올리면 따뜻한 가족의 품 같은 느낌이 있는데 이 집에서는 저 혼자였으니까요. 그리고 둔촌주공아파트도 어렸을 때 살던 분위기와는 묘하게 달라져서 조금 낯설더라고요. 저도 예전에 살던 어린아이가 아니고, 어쨌든 낯선 외부인이 되었으니까 저를 대하는 사람들의 행동도 예전과는 좀 달랐던 것 같아요. 그리고 동네도 예전보다는 좀 관리가 안 되는 느낌이 들었고요. 근데 정말 고마웠던 건 이사 오던 날 근무하시던 저희 동 경비아저씨가 정말 좋으셨거든요. 이사 오셨냐며 말 걸어주시고 정말 따뜻하게 맞아주셨어요. 그리고 경비아저씨가 갖고 계신 우리 동 주민 명단에 제 이름을 적었는데, 그게 참 별 거 아닌 거 같지만, 전입신고보다도 더 상징적인 절차를 밟는 느낌이었어요. 내가 진짜로 다시 이곳에 돌아왔다는 느낌이 확 들면서 기분이 묘했어요. 그리고 그 경비아저씨가 동네 분들과도 다 친해서 그분과 얘기하고 있으면 자연스럽게 다른 주민들하고도 인사를 하게 되고, 그러면서 조금씩 동네에 적응하고 안정을 되찾았던 것 같아요.

회사에 다니면 집에 있는 시간이 사실 별로 없어서 집에 대한 기억이 어떻게 보면 깊지 않은데, 이 집으로 왔을 때는 건강이 안 좋아서 휴직한 상태였거든요. 그 덕분에 지금 사는 집은 유년 시절에 살았던 집처럼 많은 시간을 함께 보내는 집이 되었어요. 이 집은 저한테 요양원 같았어요. 정말 아무것도 하지 않고 계속 누워 있다가 겨우 일어나 밥만 챙겨 먹고 또 누워있고 그랬어요. 자동차 소리 하나 안 들리고 고요한데 새소리는 나고, 햇빛이 딱 들면서 옆에 고양이가 같이 고르릉거리며 자고 있을 때면 정말 완벽한 평화의 순간이었던 것 같아요. '아, 이

게 평화구나.' 이렇게 조용한 곳에 또다시 돌아와서 살 수 있고, 이렇게 몸이 아플 때 쉴 수 있어서 정말 다행이라는 생각을 많이 했었어요. 이 집 덕분에 건강이 그나마 빨리 회복되지 않았나 싶어요.

지난봄에는 식탁에 앉아있는데, 창밖으로 어릴 적부터 좋아했던 하얀색 탑상형 아파트랑 이제 막 피어난 형광 초록색 나뭇잎이 가득 보이는 게 정말 너무 아름다운 거예요. 그 풍경을 보면서 '아, 내가 어렸을 때 엄마 아빠와 함께 살던 집뿐만 아니라 지금 이 집도 나중에는 많이 그리워하겠구나.'라는 생각을 처음으로 했어요. 사실 그동안은 피곤할 때 마음껏 쉴 수 있다는 것이 더 기뻤던 것 같고, 이 집이 좋다는 생각은 미처 못했었거든요. 근데 어느새 정이 들었더라고요. 한동안은 시간에 쫓기지 않고 여유롭게 오전을 보냈는데, 아침에 일어나면 고양이들이 쓰다듬어 달라고 하거든요. 그때 따뜻한 커피를 내려서 베란다 의자에 앉아서 햇볕을 쬐면서 고양이를 한 마리씩 쓰다듬어 주는 게 정말 좋았어요.

근데 이 프로젝트를 하면서 다른 집에 들어가 보니 우리 집엔 너무 고양이밖에 없다는 생각이 좀 들더라고요. 사실 예전엔 제가 좋아하는 다른 것도 많았는데 고양이들이 그걸 다 못하게 했어요. 벽에 예쁜 포스터 같은 걸 붙여 놓는 것도 좋아했는데, 붙여 놓으면 애들이 진짜 다 찢어버리는 거예요. 그나마 지금은 좀 덜한데 어릴 때는 정말 난리여서 소파도 보면 다 뜯기거나 찢어져 있어요. 그리고 이렇게 빛도 좋고 바람도 잘 부는 집으로 돌아왔으니 화분을 키워보고 싶어서 사 왔는데 애들이 다 뜯어 먹고, 뽑아 버려서 아무것도 못 키우고 있어요. 그래도 고양이들이 없었으면 이 집이 더 휑하게 느껴졌을 거 같고, 애네가 주는 위안이 커서 다 감내하고 사는 것 같아요. 어쨌든 이 고양이들과 인연을 맺었고, 제가 대충 쉰 살이 넘을 때까지는 다들 살아 있을 테니까 그동안은 집이 고양이화 되는 건 어쩔 수 없을 것 같아요.

이 집에서 제일 좋아하는 물건으로는 현관에 설치한 방충망을 꼽을 수 있어요. 여기가 복도식 아파트 끝에 위치한 집이다 보니 문을 좀 열어놔도 되지 않을까 싶었는데, 그래도 좀 무서운 건 있어서 정말 보안이 잘 될 것 같은 쇠로 된 방충망을 거금을 들어서 설치했어요. 그 덕에 맞바람이 치는 즐거움을 이 집에 와서 다시 느낄 수 있었어요. 그 전에 자취하면서 살았던 원룸이나 오피스텔 같은 집들은 맞바람이 거의 치지 않았거든요. 무서워서 현관문을 잘 열어놓지도 못했지만 열어 놓는다고 해도 별로 바람이 시원하게 들어오지도 않았어요. 방충망을 설치하고 여름에는 정말 밤늦게까지 열어놓고 있다가 닫았고, 추운 겨울 지나 봄에 대문을 다시 열어놓게 됐을 때 다시 살만한 날씨가 되었다는 생각이 들면서 정말 기뻤어요. 저 방충망이 이 집에 주는 혜택이 생각보다 엄청나게 컸어요.

근데 제가 이 집을 많이 좋아하고, 이 집에 있는 게 좋은데도 커튼 하나 달까 말까를 계속 고민하게 되더라고요. 분명 커튼이 있으면 훨씬 분위기도 좋을 것 같고, 겨울에 새어 들어오는 찬바람도 막을 수 있을 것 같은데 어차피 내년에 나갈지도 모르는 거라는 생각을 하게 되면서 이 집에 뭔가를 투자하는 게 아깝다는 생각이 들더라고요. 둔촌주공아파트가 좋다고 이런 프로젝트를 하는 저도 '이걸 해서 뭐해. 어차피 나가야 하는 거…' 그런 생각이 드니까, 여기 살던 사람들이 재건축 얘기 나오고 나서부터 관리를 안 하고 손을 놓아버리고, 마음도 놔 버렸다는 얘기가 이해가 되더라고요. 이 동네는 재건축 얘기가 나온 지 17년이 지났으니까, 그동안 점점 더 소홀해졌을 것 같아요. 재건축이라는 게 어떻게 보면 사람들이 이 집을 더는 사랑하지 못하게 만드는 건 아닐까 하는 생각이 들었어요. 그런 부분들이 좀 아쉬워요.

이 집은 당신에게 어떤 의미인가요?

<안녕,둔촌주공아파트> 작업을 하다 보면 이걸 기록으로 남긴다는 게 나름대로 의미가 있다는 생각은 들지만, 가끔은 '어차피 결국 다 없어질 건데 이걸 기록한다고 뭐가 달라지겠어. 뭘 더 지킬 수 있겠어.' 그런 생각들이 들면서 허무해질 때가 있어요. 그래도 어쨌든 한 번은 더 이곳에 살아봐서 다행이라는 생각이 들어요. 왜냐하면, 작업하면서 사람들이 요즘 그런 동네가 어디 있느냐고, '추억팔이'라고 얘기할 때마다 솔직히 좀 심란했거든요. 이 프로젝트를 시작할 때 이 동네 살고 있던 제 오랜 친구도 네가 지금 여기 안 살아서 그런 좋은 기억만 나는 거라는 얘기를 했었거든요. 그래서 내가 그저 옛 추억의 환상 속에 빠져서 이젠 세상에 없는 동네의 모습을 기록으로 남기고 있는 것은 아닌가 하는 불안함이 있었어요. 그런데 이곳에 돌아와 다시 살게 되면서, 창밖으로 나무들이 보이고, 귓가에 새소리가 들리고, 햇빛과 바람을 몸으로 느끼고, 오가며 만나는 이웃들과 인사를 나누는 – 제가 정말 좋아하던 – 경험을 다시 하게 되면서 그것이 어떤 신기루가 아니라 지금도 내가 현실에서 만날 수 있는 것이라는 확신을 얻을 수 있었어요. 만약 그런 걸 다시 경험할 수 없었다면 아마 저도 '요즘 세상에 그런 게 어디 있겠어?'라는 생각을 했을 것 같아요. 비록 이곳은 아니겠지만, 잘 찾아보면 이렇게 평화롭고 훈훈한 동네가 어딘가에는 또 있을 것 같다는 생각도 덕분에 할 수 있었던 것 같아요.

이곳이 재건축으로 사라지는 것을 어떻게 생각하시나요?
앞으로는 어디서 어떻게 살고 싶은가요?

이제 이곳을 떠나면 어디로 갈 것인가는 요즘 제일 고민하는 주제인데 솔직히 아직도 모르겠어요. 갑자기 회사도 그만두고 이 프로젝트만 하고 있다 보니까 사실 어디에 살아야 할지도 고민이지만 이게 끝나면 뭘 하면서 어떻게 살아야 할지도 고민이거든요. 만약에 다시 취업하게 되거나 학교에 가서 공부를 더 하게 되면 그 근처로 한정 지어서 집을 구하는 걸 생각해 볼 수 있을 텐데 지금은 아무것도 정해지지 않아서 더 막막한 그런 느낌이에요.

근데 분명한 건 앞으로는 둔촌주공아파트에서 느낀 안정감을 다시 경험하게 되는 건 쉽지 않을 것 같다는 거예요. 어디에 가서 살지를 고민하다가 둔촌주공아파트와 제일 비슷할 것 같은 다른 주공아파트들을 많이 찾아가 봤어요. 과천

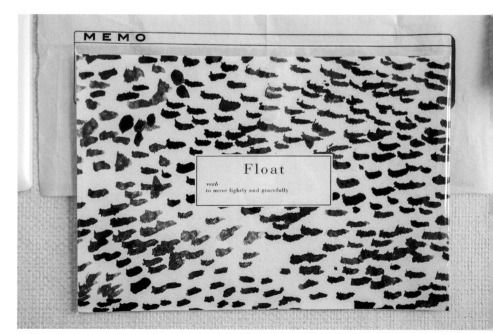

도 가보고, 철산 주공, 상계동 쪽도 가봤는데 거기도 다 재건축이 밀려들어 오고 있더라고요. 그리고 거기나 여기나 풍경은 아주 비슷한데 신기하게도 해지고 나서는 좀 무섭더라고요. 그래서 어쩌면 풍경이 주는 분위기가 중요한 게 아니라 내가 이 동네를 얼마만큼 알고 있고 마음의 안정을 취할 수 있는지가 중요해 보여요. 제가 겁이 많은 편이어서 웬만한 동네는 밤에 잘 못 돌아다니는데 둔촌동에 왔을 때는 새벽 2~3시에 택시 타고 퇴근해도 단지 바깥쪽 대로에서 내려서 단지 안으로 그냥 혼자 걸어 왔거든요. 그게 하나도 무섭지 않은 걸 보고 '아, 내가 마음을 놓을 수 있는 곳은 여기밖에 없구나.'라는 생각을 했어요. 오랜 시간 동안 경험으로 이곳이 안전한 곳이라고 생각해야 마음을 놓을 수 있는 것 같은데, 요즘엔 오랜 시간 동안 어딘가에 머물러 살 수 있는 삶이 잘 없잖아요. 계속 옮겨 다닐 수밖에 없다 보니까 이제 좀 알아가고 적응되면 떠나야 할 때가 되는 거죠. 그게 앞으로 제일 걱정되는 부분이에요. 그렇게 다시 계속 옮겨가며 살게 되면, 지금처럼 마음을 놓을 수 있는 곳을 다시 만날 수 있을까 하는 두려움이 되게 커요.

그리고 둔촌주공아파트가 매매가는 비싼데, 사실 세로 들어와서 사는 건 상대적으로 매우 싸거든요. 그래서 이 돈으로 계속 서울에서 살 수 있겠냐는 생각도 많이 들어요. 요즘 맨날 네이버 부동산이랑 직방을 보고 있는데 요즘은 작은 집들도 조금만 깔끔하고 좋다 싶으면 다 너무 비싸더라고요. 결국, 아파트에 사는 건 포기해야 할 것 같고, 빌라나 다가구, 오피스텔 같은 곳에 가야 할 것 같아요. 그런 데에서 안 살아 본 건 아니어서 가면 또 적응하겠지만, 다시 둔촌주공아파트에 들어와서 느꼈던, 좋은 점들은 이제 다시 포기해야 할 것 같아서 아쉬워요. 둔촌동에서 정말 포기하고 싶지 않은 것이 녹지랑 조용한 것 그리고 무섭지 않은 것인데, 그런 것들이 사실은 서울에서 살면서 제일 포기해야 하는 것들이더라고요. 그래도 그런 부분을 채워줄 수 있는 곳이 어딘가 잘 찾아보면 있긴 있겠죠? 제가 집중해서 둘러보고 있는 곳은 공원이나 문화재 근처, 대학 캠퍼스에 붙어있는 동네인데, 특히 절대 안 없어질 것 같은 문화재 옆이 최고인 거 같아요. 하하.

근데 이렇게 대로에서 멀어지면서 조용해지는 거나 녹지 같은 건 결국은 큰 아파트 단지가 줄 수 있는 혜택인 것 같아요. 사실 사람들이 다 그런 걸 좋아하니까 관리비를 더 내면서까지 아파트 단지에 살고 싶어 하는 거잖아요. 그런 걸 사설 오아시스라고 비난할 게 아니라 반대로 공공의 오아시스를 더 늘려가는 일들을 하면 좋을 것 같아요. 아파트 단지가 가진 강점을 인정해야 오히려 단지 바깥쪽 동네의 생활 환경을 더 개선하는 방향을 잡을 수 있다고 생각하거든요. 아직도 '골목의 추억'을 얘기하는데, 그런 동네는 이젠 정말 잘 없잖아요. 빌라로 가득한 골목에는 나무 한 그루 찾아보기 힘들고, 주차 문제도 더 심각하고, 아이들을 위한 놀이터도 잘 없어요. 이런 상황에서 잘되고 있는 아파트를 비난만 하는 것 보다는 잘되고 있는 걸 인정하고, 그 부분이 없는 동네에 그런 걸 좀 이식하고 개선하려고 노력해야 하지 않을까 싶어요.

어디 가서 살지도 큰 걱정이긴 한데, 또 다른 걱정은 제 삶의 원점이 사라진다는 거예요. 픽사 애니메이션 <인사이드 아웃>에서 기억 속 섬이 하나씩 무너지는 걸 보는 그런 느낌일 것 같아요. 제 뿌리가 잘려나가는 기분. 물론 꼭 여기에서 천년만년 살아야 하는 것은 아니지만, 그래도 힘들 때면 잠시 들려 정신적으로 의지하고 위로받을 수 있던 세계가 이제 사라지는 것이니까요. 신기한 건 <안녕,둔촌주공아파트> 프로젝트를 하면서 만난 많은 분이 저처럼 힘들 때면 어릴 적에 살던 곳을 괜히 한 번 찾아간 적이 있다는 이야기를 많이 했거든요. 그런 걸 보면 다들 비슷한 생각이 아닐까 싶어요. 이곳이 사라지고 나면 사실 뭐 하나 그립지 않은 게 없을 것 같아요. 진짜 이주가 시작되면 이제 어디를 가서 살아야 할지를 정말 결정해야 할 거고, 심지어 저는 이걸 기록하고 있으니까 어떻게 잘 기록해야 할지도 계속 고민해야겠죠. 그러면 생각할 것도 많고, 마음은 마음대로 힘들 거고, 아마 정신적으로 무너질지도 몰라요. 그때를 대비해 삶의 기준을 제 안으로 옮겨 담는 시간을 이 집에서 많이 보내고 있는 것 같아요. 그 덕에 조금은 더 어른이 된 것 같고, 좀 더 단단한 자아를 갖게 된 것 같아서 이 집에 매우 고맙고 그래요. 처음 둔촌주공아파트를 떠날 때처럼 아무것도 하지 못하는 중학생이 아니라 지금은 좋아하던 것들을 기록으로 옮겨 담고 있고, 뭐라도 사람들과 함께해 볼 수도 있잖아요. 그리고 앞으로 살 곳을 스스로 찾아서 정할 수 있게 된 걸 보면, 내가 이만큼 자랐다는 생각이 들어서 그나마 기쁘고, 그나마 다행인 것 같아요.

맺음말

정주와 적응.

얼핏 보면 서로 다른 이야기 같지만
어딘가에 머물기 위한 삶의 방식이라는 점에서 닿아있다.

머물기 위한 적응이 어느 순간 익숙해지면 정주가 되고,
정주하다가도 새로운 변화가 찾아오면 다시 적응해야 한다.

다만 이 과정에서 어디에도 매이지 않고, 떠밀리지도 않고
나의 존재를 어디에 얼마 동안 머물게 할 것인가는
스스로 정할 수 있게 되길 바랄 뿐이다.

이제 재건축으로 이곳에 더 머무르지 못하게 되는 우리는
모두 새로운 곳에 새롭게 적응해야 하는 과제를 부여받게 된다.

우리 모두 다시 잘 적응할 수 있길 진심으로 응원한다.
그리고 원하는 곳에서 원하는 만큼
머물 수 있게 되길 기원한다.

안녕,둔촌주공아파트 4

안녕,둔촌주공아파트 × 가정방문

발행처 마을에숨어
발행 이인규
출판등록 2014년 12월 19일
등록번호 979-11-954335
이메일 hideinmytown@gmail.com

공동기획 이인규 / 라야

편집 / 디자인 이인규

사진 라야

컨트리뷰터
김채순 / 함동산 / 정동연 / 박예나 / 이필례 / 조인숙 / 임영훈 / 한경숙 / 정현지
정혜숙 / 윤원준 / 배미순 / 김기수 / 이기연 / 조연지 / 한기린 / 김청림 / 이인규

감수 김수민

Special thanks to
김강이 / 김인수 / 유효영 / 이은옥 / 박현경 / 윤창노 / 홍기정 / 정현지 / 김기수
류준열 / 임준하 / 한기린 / 신병민 / 텀블벅 / 조용기

텀블벅 후원자님 감사합니다!

안녕,둔촌주공아파트 4

안녕,둔촌주공아파트 × 가정방문

ISBN 979-11-954335-0-6 (세트)
ISBN 979-11-954335-6-8 04300

초판 1쇄 인쇄 2016년 11월 15일
초판 1쇄 발행 2016년 11월 22일

2쇄 인쇄 2019년 1월 14일
2쇄 발행 2019년 1월 21일

값 33,000원